信
风
———
trade wind

春风有信，吹向认知彼岸

透视中国政府统计数据

统计数据

许宪春 著

理解与应用

A PROBE INTO CHINA'S
OFFICIAL STATISTICS

Comprehension and Utilization

社会科学文献出版社
SOCIAL SCIENCES ACADEMIC PRESS (CHINA)

北京大学国家发展研究院特约研究员，曾任国家统计局副局长、中国统计学会副会长、清华大学经济管理学院教授、清华大学中国经济社会数据研究中心主任。

长期从事中国政府统计理论研究和实际工作，主持了多项国家社会科学基金重大项目和重点项目，发表了300多篇论文，出版了多部个人专著。论文和著作多次获奖，其中，《世界银行关于中国 GDP 数据的调整及其存在的问题》获第九届（2000 年）孙冶方经济科学论文奖，《中国不变价国内生产总值核算方法研究》获第十一届（2012 年）全国统计科学研究优秀成果一等奖，《中国政府统计问题研究》获第八届（2020 年）高等学校科学研究优秀成果奖（人文社会科学）一等奖。

透视中国政府统计数据

许宪春 著

理解与应用

A PROBE INTO CHINA'S
OFFICIAL STATISTICS

Comprehension and Utilization

社会科学文献出版社
SOCIAL SCIENCES ACADEMIC PRESS (CHINA)

北京大学国家发展研究院特约研究员，曾任国家统计局副局长、中国统计学会副会长、清华大学经济管理学院教授、清华大学中国经济社会数据研究中心主任。

长期从事中国政府统计理论研究和实际工作，主持了多项国家社会科学基金重大项目和重点项目，发表了300多篇论文，出版了多部个人专著。论文和著作多次获奖，其中，《世界银行关于中国GDP数据的调整及其存在的问题》获第九届（2000年）孙冶方经济科学论文奖，《中国不变价国内生产总值核算方法研究》获第十一届（2012年）全国统计科学研究优秀成果一等奖，《中国政府统计问题研究》获第八届（2020年）高等学校科学研究优秀成果奖（人文社会科学）一等奖。

许宪春

序　言

　　我曾经长期在国家统计局从事政府统计实际工作，经常面对国内外学者对中国政府统计数据的各种质疑，特别是对中国国内生产总值（GDP）数据的质疑。出于工作需要、职业责任和研究兴趣，我经常撰写文章对其中具有典型意义的质疑进行解析。从国家统计局退休后，我到高校从事政府统计教学科研工作，仍然密切关注国内外学者对中国政府统计数据的质疑，特别是对中国 GDP 数据的质疑，就其中具有典型意义的质疑，我个人或者指导我的学生合作撰写文章进行阐释，力争起到释疑解惑的作用。

　　在国家统计局和在高校工作期间，我也经常个人或者指导我的学生合作撰写经济分析方面的文章，特别是利用政府统计数据分析重大事件，例如新冠肺炎疫情对中国经济发展产生的影响。

　　近来，我对上述两个方面的文章进行了梳理，我感觉到这些文章不仅在应对当时国内外学者对中国政府统计数据的质疑和在分析当时的经济形势方面发挥了作用，而且对准确理解和正确使用中国政府统计数据具有比较普遍的参考意义。我同社会科学文献出版社经济管理分社恽薇社长交流了这个想法，得到她的大力支持。按照她和该出版社武广汉编辑的建议，我对上述两个方面的文章进行了仔细挑选，并针对近年来国家统计调查制度改革和有关统计指标的定义、口径范围及计算方法的变化情况，同时考虑到著作的体例，对选中的文章进行了系统的修订、补充和整合，形成了这本书。

本书分为三篇。第一篇是基础篇，包括第一章"中国国内生产总值是怎么核算出来的"、第二章"怎样理解居民可支配收入"、第三章"怎样正确使用政府统计数据"。

21世纪初以来，特别是党的十八大以来，国家统计局推出了一系列统计调查制度的重大改革，对中国GDP核算的发展起到了重要的促进作用。同时，为了适应经济发展形势的变化、满足经济分析和管理的需要、反映国际标准的变化，国家统计局不断改进GDP的核算方法。经过国家统计局和整个政府统计系统多年的努力，中国GDP核算不断完善，数据质量和国际可比性不断提升。第一章对促进中国GDP核算发展的重大统计改革进行梳理，对GDP核算的基本方法和经过多年改革与发展后中国GDP核算的主要资料来源及具体计算方法进行阐述，目的在于帮助读者准确地理解和正确地使用中国GDP。

在中国政府统计中，居民可支配收入包括资金流量核算中的居民可支配收入和住户调查中的居民可支配收入，这两个统计指标在基本用途、口径范围、资料来源和数据表现等方面均存在较大差异，第二章阐述了这两个统计指标以及两者之间的差异，目的在于帮助读者准确理解和正确使用这两个统计指标。

序　言

第三章就如何正确使用政府统计数据进行论述，包括正确选择政府统计数据，准确了解政府统计数据的分类标准、调查范围、调查方法和采集方式，准确理解政府统计指标的口径范围和计算方法，准确把握政府统计指标的适用范围和相关统计指标之间的关系，准确掌握政府统计数据存在的问题等。

第二篇是质疑解析篇，包括第四章"三个典型质疑与解析"、第五章"对中国经济增速的质疑与解析"、第六章"外生冲击下统计数据的特殊表现"。

关于中国政府统计数据的质疑有三个典型案例：2009年第一季度货物贸易顺差和产成品资金均保持两位数增长，很难相信净出口和存货变动对经济增长形成负拉动；2012年上半年社会消费品零售总额实际增速比第一季度上升，消费需求贡献率却明显下降，难以自圆其说；住户调查中的居民收入和居民消费支出数据被低估，投资统计中的全社会固定资产投资数据被高估，导致对中国经济结构的重大误判。第四章通过系统地阐述有关常用的专业和部门统计指标与国民经济核算中的最终需求和居民可支配收入指标之间的区别，对上述质疑进行了详细解析。

针对英国《经济学人》杂志发表的《是否应该相信中国经济数据》、英国《金融时报》发表的《中国经济增速"被高估"》和英国《金融时报》中文网发表的《中国GDP高估了？》三篇文章从不同角度对中国经济增长数据的质疑，第五章通过阐述国际上通用的不变价GDP核算的基本方法、中国不变价GDP生产核算中主要行业增加值和不变价GDP使用核算中主要需求项目的计算方法进行解析。

新冠肺炎疫情爆发之后，中国经济增长数据又经受了一次严峻质疑。2020 年第一季度，受疫情的严重冲击，有关专业、部门统计指标增长数据大幅度下降。例如，社会消费品零售总额同比下降 19.0%，固定资产投资下降 16.1%，货物贸易顺差减少 80.6%，而 GDP 下降 6.9%，有学者认为 GDP 下降的幅度被严重低估了。第六章从需求和生产两个角度对 2020 年第一季度中国经济增长数据的质疑进行解析。

第三篇是分析应用篇，包括第七章"2020 年的经济冲击与恢复"、第八章"从统计数据看中国经济发展面临的三重压力"、第九章"理解中美贸易不平衡：统计视角"。

新冠肺炎疫情对 2020 年第一季度中国经济发展造成严重冲击，经济增速同比下降 6.9%，是 1992 年建立季度 GDP 核算制度以来中国季度经济增速的最低点。第七章运用统计数据从生产、需求、收入、价格等角度分析新冠肺炎疫情对 2020 年第一季度中国经济造成的严重冲击和后三个季度的经济恢复情况。

2021 年中央经济工作会议指出，中国经济发展和疫情防控效果保持全球领先，同时也指出，中国经济发展面临需求收缩、供给冲击、预期转弱三重压力。第八章运用统计数据分析中国经济发展面临的三重压力。

第九章运用统计数据从四个方面分析了中美贸易不平衡问题：一是从贸易总值统计的角度，二是从中美贸易不平衡贡献者的角度，三是从跨国利润转移的角度，四是从贸易增加值统计的角度。计价方式、转口贸易、贸易加成、旅行项目中包含货物等因素导致美方高估了美国对华货物贸易逆差，且中国对美迅速上升的服务贸易逆差缓解

序　言

了双边贸易不平衡。外商投资企业特别是美国在华投资企业一方面贡献了中国对美货物贸易顺差中的很大一部分，另一方面获得了丰厚的利润，中美贸易顺差记录在中国，但贸易背后的利益顺差多在美国，总体上双方实现了互利共赢。本章利用统计数据对上述问题进行了系统阐述，并简要分析了中美贸易摩擦的成因。本章还针对贸易增加值统计的必要性和重要性，提出了用贸易增加值统计衡量中美贸易的建议。

本书第一章至第五章是对我个人撰写的文章进行修改、补充和整合而成的，第六章至第九章是对我指导学生合作撰写的文章进行修改、补充和整合而成的，参与这些文章撰写的有我在北京大学经济学院指导的博士生许亚婷、余航、杨业伟和我在清华大学经济管理学院指导的博士生常子豪、唐雅、靖骐亦。所以本书也有他们的贡献，特向他们致以谢意。

本书的出版得到社会科学文献出版社经济管理分社的恽薇社长和武广汉编辑的大力支持，借此机会向他们表示感谢。

水平所限，本书肯定有许多不足之处，敬请广大读者批评指正。

许宪春

2022 年 10 月 10 日

目　录

目 录

第 一 篇

基础篇

第一章 中国国内生产总值
是怎么核算出来的

21 世纪初以来，特别是党的十八大以来，国家统计局推出了一系列统计调查制度重大改革，包括经济普查制度的建立，企业一套表联网直报统计调查制度、服务业统计调查制度和城乡住户调查一体化改革等，这些改革对于中国国内生产总值（GDP）核算的改革与发展起到了非常重要的促进作用。同时，为了适应经济发展形势的变化、满足经济分析和管理的需要，针对国际标准的变化和统计调查制度的改革，国家统计局不断改进 GDP 的核算方法，规范资料来源。例如，改革研发支出核算方法、金融中介服务产出及其使用核算方法、现价和不变价固定资本形成总额核算方法[1]，针对经济普查制度和常规年度统计调查制度的变化，不断修订和规范 GDP 核算的资料来源和计算方法等。经过国家统计局和整个政府统计系统多年的努力，中国 GDP 核

---

[1] 许宪春、吕峰：《改革开放 40 年来中国国内生产总值核算的建立、改革和发展研究》，《经济研究》2018 年第 8 期。

算不断完善，数据质量和国际可比性不断提升。本章对促进中国 GDP 核算改革与发展的统计调查制度的重大改革进行梳理，对 GDP 核算的基本方法和经过多年改革与发展后中国 GDP 核算的主要资料来源及具体计算方法进行详细阐述，帮助读者准确理解中国 GDP 核算和正确使用中国 GDP 数据。

针对经济普查年度和常规年度资料来源的不同，中国分别建立了经济普查年度 GDP 核算方法和常规年度 GDP 核算方法。本章以常规年度为例介绍中国 GDP 核算，因为从资料来源和计算方法角度看，常规年度 GDP 核算更具有普遍性。从核算频率上看，中国 GDP 核算包括年度核算和季度核算，本章集中介绍年度核算，因为年度核算更具有基础性。

第一节　四项重大统计改革

21 世纪初以来，特别是党的十八大以来，国家统计局推出了一系列重大改革，主要包括：经济普查制度的建立，企业一套表联网直报统计调查制度、服务业统计调查制度和城乡住户调查一体化改革等。

一　经济普查制度的建立

2003 年，国务院决定建立全国经济普查制度，每 10 年进行两次，分别在逢 3、逢 8 的年度实施。普查范围包括第二、第三产业的法人单位、产业活动单位和个体经营户。到目前为止,中国分别在 2004 年、2008 年、2013 年和 2018 年完成了四次全国经济普查。

经济普查制度的建立,对中国 GDP 核算的改革与发展起到了非常重要的促进作用。一是由于经济普查动员了大量的人力物力,通过清查,建立了比较完整的基本单位名录库,提供了更加翔实的基础资料,从而提高了 GDP 核算的数据质量;二是国家统计局往往借助经济普查的机会,实施新的分类标准,推出新的核算方法改革,从而改进了 GDP 核算的基本分类和核算方法,完善了 GDP 核算制度;三是为了保持可比性,每次普查之后都对 GDP 历史数据进行修订,从而提高了 GDP 历史数据的质量和可比性。

二 企业一套表联网直报统计调查制度改革

2012 年以来,国家统计局实施了企业一套表联网直报统计调查制度改革。改革内容主要包括以下 5 个方面。一是企业调查表由各专业统计部门分头设计改为统一设计。改革前,不同专业统计领域的企业调查表是由不同专业统计部门分头设计的,尽管经过统计设计管理部门的统一协调,但不同专业统计领域的企业调查表在指标设置、定义、口径范围和分类等方面仍然存在不一致性。改革将企业调查表由各专业统计部门分头设计改为统一设计,除了反映专业特点的指标外,各专业统计领域的企业调查表在指标设置、定义,口径范围和分类等方面基本上实现一致。

二是企业调查表改为统一向企业直接布置。改革前，企业调查表由政府统计系统各专业统计部门分头层层布置，然后由基层政府统计部门按专业分头布置给企业。改革后，国家统计局通过互联网平台将企业调查表直接布置给企业。

三是数据采集方式的改变。改革前，政府统计部门通过发送纸介质调查表采集企业数据；改革后，国家统计局通过互联网平台发送电子调查表采集企业数据。

四是数据报送方式由层层上报改为直接报送。改革前，企业调查表经过基层政府统计部门录入形成电子报表后逐级报送到国家统计局；改革后，企业通过互联网平台将电子报表直接报送到国家统计局。

五是数据审核由线下审核改为线上审核。改革前，基层政府统计部门对企业填报的纸介质调查表进行审核，各级政府统计部门对下一级统计部门报送的电子报表进行审核。所有这些审核都是线下审核，审核时对数据的修改留不下痕迹。改革后，各级政府统计部门根据所赋予的权限，实施线上审核。企业一套表联网直报统计调查制度明确规定，各级政府统计部门在审核报表发现问题时，不能直接修改，要逐级追溯到企业，由企业对调查表进行修改。所有的修改都留下修改痕迹。

综上所述，企业一套表联网直报统计调查制度改革一是实现了企业调查表的一体化设计，除了反映专业特点的指标外，各专业统计领域中的企业调查表的指标设置、定义，口径范围和分类等方面基本上实现一致，这一点对于协调各行业增加值核算方法、提高增加值核算方法的一致性起到了重要作用；二是通过互联网技术大大减轻了基层政府统计部门的工作负担，提高了工作效率，减少了差错率；三是减少了中间环节的干扰，明显提升了基层统计数据的质量，这一点对提高 GDP 核算数据质量起到了重要作用。[1]

三　服务业统计调查制度改革

服务业统计调查制度改革包括以下四方面内容：一是建立了以服务业为重点的经济普查制度；二是开展了包括限额以上批发和零售业企业、限额以上住宿和餐饮业企业、房地产业开发经营企业和规模以上服务业企业四类服务业企业在内的企业一套表联网直报统计调查制度改革；三是建立了服务业小微企业抽样调查制度；四是建立了部门服务业财务状况统计报表制度。经济普查制度的建立和企业一套表联网直报统计调查制度的改革在前面已经阐述了，后两个方面的改革内容如下。

建立了服务业小微企业抽样调查制度。与服务业企业一套表联网直报统计调查制度改革相衔接，国家统计局对过去的服务业企业抽样调查制度进行了改革，建立了服务业小微企业抽样调查制度。这些企业涉及国民经济行业分类中的 11 个门类和房地产业门类中的物业管理业和房地产中介服务业两个中类。

建立了部门服务业财务统计报表制度。在实施企业一套表联网直报统计调查制度改革、建立服务业小微企业抽样调查制度的同时，国

---

[1]　参见许宪春《中国政府统计重点领域改革》，《世界经济》2017 年第 2 期。

家统计局与有关服务业管理部门联合建立了部门服务业企业、部门服务业行政单位、部门服务业事业单位、部门服务业民间非营利组织、金融业等五种类型部门服务业财务状况统计报表。这些报表涉及30多个国务院部门，行业范围包括12个服务业行业门类。这项改革对改善服务业增加值核算的资料来源、改进服务业增加值核算方法、提高服务业增加值核算数据质量起到了重要作用。[1]

四 城乡住户调查一体化改革

自从20世纪50年代中期建立统计调查制度以后[2]，中国城乡住户调查一直是各自独立开展的，两者在抽样方法、调查方式、调查指标的定义、口径范围、基本分类和计算方法等方面没有实现完全统一。同时，城乡住户调查与国民经济核算和人口统计也存在缺乏衔接的问题。城乡住户调查一体化改革主要解决了以下四个方面问题。

一是解决城乡住户调查指标问题，包括解决城乡住户调查指标之间的统一性问题和住户调查指标与国民经济核算相应指标之间的一致性问题。前者包括解决城乡住户调查中的居民收入指标和居民消费支出指标的统一性问题，后者包括解决住户调查中的居民收入与资金流量表中的居民收入的一致性问题，以及住户调查中的居民消费支出与

---

[1] 参见许宪春《中国政府统计重点领域改革》，《世界经济》2017年第2期。

[2] 中国农村住户调查制度建立于1954年，城市住户调查制度建立于1955年，至今都已有60多年的历史。

支出法 GDP 中的居民消费支出的一致性问题。

二是解决住户调查中的农民工城乡划分问题。关于在城镇工作和生活半年以上的农民工的城乡划分，改革前，住户调查是按其与所属家庭是否存在经济联系来确定的，人口统计是按半年以上的时间原则确定的。改革后，住户调查参照《统计上划分城乡的规定》，实现了住户调查与人口统计城乡分类的一致性。

三是解决住户调查样本对农民工的代表性问题。改革前，住户调查没有将在城镇工作和生活半年以上的大部分农民工作为城镇人口，所以并没有把这部分农民工作为独立的调查对象看待，因此住户调查对于这个群体缺少独立的调查样本。改革后，这部分农民工被视为城镇人口的一部分，依据全国统一的住户抽样框选取样本，从而使调查样本对这个群体具有了代表性。

四是解决抽样方法和调查方式的统一性问题。改革前，城乡住户调查是各自独立开展的，所以两者的抽样方法和调查方式并不是完全统一的。改革后，住户调查依据人口普查资料提供的全国统一的住户抽样框，按照统一的方法对所有住户进行分层抽样，选取调查户，实现对所有地域和人群的不交叉、全覆盖。同时，对所有调查户采用统一的记账格式和问卷，从而解决了抽样方法和调查方式的统一性问题。[1]

---

[1]　参见许宪春《我国住户调查与国民经济核算有关指标之间的协调》，《财贸经济》2014年第 1 期。

第二节　GDP 核算的基本方法

GDP 核算包括现价核算和不变价核算。现价核算就是按当期价格核算，不变价核算就是要剔除现价核算中包含的价格变化因素，实现不同时期 GDP 的可比性。相应地，GDP 核算的基本方法也包括现价核算的基本方法和不变价核算的基本方法。

一　现价 GDP 核算

GDP 有三种表现形式。第一种是价值形式，指的是各个行业生产的产品价值扣除生产这些产品时投入的除固定资产之外的产品价值。第二种是收入形式，指的是对投入生产活动的各种要素的收入回报和因从事生产活动向政府缴纳的税收和从政府得到的补贴，前者包括投入生产活动的劳动要素的回报，表现为劳动者报酬；投入生产活动的固定资产的价值损耗和价值转移，表现为固定资产折旧；投入生产活动的其他要素的回报，表现为营业盈余。第三种是产品形式，包括消费品、投资品和进出口产品，表现为消费需求、投资需求和净出口需求。GDP 的上述三种表现形式分别通过生产法、收入法和支出法来核算。

（一）生产法

生产法是就每一行业计算出它在一定时期内生产的各种产品的价值（称为总产出）和生产这些产品时投入的除固定资产之外的产品价

值（称为中间投入）；然后通过总产出减去中间投入得到每一行业的生产法增加值；最后，汇总各行业生产法增加值，得到生产法 GDP。用公式表示就是：

生产法 GDP ＝ $\sum$ 生产法增加值 ＝ $\sum$ （总产出 － 中间投入）

其中，总产出指各行业在一定时期内生产的所有货物和服务的价值，中间投入指在生产这些货物和服务过程中投入的非固定资产货物和服务的价值。

（二）收入法

收入法是就每一行业计算其投入生产活动的各种要素的收入回报和因从事生产活动缴纳的税与获得的补贴的差额，包括劳动者报酬、生产税净额、固定资产折旧和营业盈余；汇总这些收入项目得到每一行业的收入法增加值；汇总各行业收入法增加值，得到收入法 GDP。用公式表示就是：

收入法 GDP ＝ $\sum$ 收入法增加值

$\quad\quad\quad$ ＝ $\sum$ （劳动者报酬 ＋ 生产税净额 ＋ 固定资产折旧 ＋ 营业盈余）

其中，劳动者报酬指劳动者因从事生产活动所获得的全部报酬，既包括货币形式的，也包括实物形式的，主要包括各种形式的工资、奖金、津贴和补贴，单位为员工缴纳的社会保险费和住房公积金，行政单位职工的离退休金，以及其他各种形式的报酬和福利等。个体经营户中自雇者的劳动者报酬和营业盈余不易区分，在实际核算中按一定比例进行划分。

生产税净额指生产税减去生产补贴后的差额。生产税指生产单位因从事生产、销售和经营活动以及因从事生产活动使用某些生产要素（如固定资产、土地、劳动力）所缴纳的各种税、附加费和规费。生产补贴指生产单位因从事生产、销售和经营活动以及因从事生产活动使用某些生产要素从政府获得的单方面转移，被视为负的生产税，包括农业生产补贴、政策亏损补贴、进口补贴等。

固定资产折旧指一定时期内为弥补固定资产损耗，按规定的折旧率提取的固定资产折旧，或按国民经济核算统一规定的折旧率虚拟计算的固定资产折旧。它反映了固定资产在当期生产中的损耗价值和转移价值。

营业盈余指常住单位创造的增加值扣除劳动者报酬、生产税净额和固定资产折旧后的余额，主要是企业从事生产经营活动获得的利润。

（三）支出法

支出法就是计算三大需求，即消费需求、投资需求和净出口需求，汇总得到支出法 GDP。在 GDP 核算中，消费需求称为最终消费支出，包括居民消费支出和政府消费支出；投资需求称为资本形成总额，包括固定资本形成总额和存货变动；净出口需求称为货物和服务净出口，等于货物和服务出口减去货物和服务进口的差额。用公式表示就是：

支出法 GDP ＝ 最终消费支出 ＋ 资本形成总额 ＋ 货物和服务净出口

＝（居民消费支出 ＋ 政府消费支出）＋（固定资本形成总额 ＋ 存货变动）＋（货物和服务出口 － 货物和服务进口）

其中，居民消费支出指常住住户用于个人消费货物和服务的支出，如食品、服装、交通、教育、文化、医疗卫生等方面的支出。居民消费支出包括居民以货币形式购买货物和服务的消费支出和以其他方式获得货物和服务的消费支出，即所谓虚拟消费支出。居民虚拟消费支出包括以下几种类型：一是住户以实物报酬和实物转移的形式获得的货物和服务；二是住户自己消费自己生产的货物，如农户自己消费自己生产的粮食、蔬菜、水果；三是居民自有住房服务，即居民拥有自己居住的住房提供的服务；四是金融机构向居民提供的金融中介服务和保险机构向居民提供的保险服务。其中，金融中介服务指的是金融机构向居民提供的存款和贷款服务，这些服务没有直接向居民收取服务费用，而是隐含在利息中；保险服务指的是保险机构向居民提供的人寿和非人寿保险服务，这些服务也没有直接向居民收取服务费用，而是隐含在保费中。[1]

政府消费支出指政府部门承担的公共服务支出及其承担的个人消费货物和服务支出。其中，公共服务支出主要包括国家安全和国防、行政管理、维护社会秩序和环境保护等方面的支出，这类服务由政府财政支付，由全社会或社会的某一部分成员共同享受；政府部门承担的个人消费货物和服务支出主要包括政府在医疗卫生、养老、教育、文化娱乐和社会保障等方面的支出，它等于政府部门免费或以没有显著经济意义的价格向居民提供的货物和服务的市场价值减去向居民收

---

[1]　参见国家统计局《中国国民经济核算体系（2016）》，中国统计出版社，2017，第18页。

取的费用。[1]

固定资本形成总额指生产者在一定时期内获得的固定资产价值减处置的固定资产价值，以及附着于非生产资产价值上的某些特定支出，如所有权转移费用。固定资产是生产活动生产出来的、在生产活动中使用一年以上、单位价值在规定标准以上的资产，不包括土地等自然资源、耐用消费品、小型工具等。固定资本形成总额包括住宅、其他建筑和构筑物、机器和设备、培育性生物资源、知识产权产品的价值获得减处置和非生产资产所有权转移费用等。[2]

存货变动指常住单位在一定时期内存货实物量变动的市场价值，即期末价值减期初价值的差额，扣除核算期内由于价格变动而产生的持有收益或损失。存货变动可以是正值，也可以是负值，正值表示期末存货价值比期初上升，负值表示期末存货价值比期初下降。存货变动包括农业企业的农产品和农业生产资料的存货变动，工业企业的原材料、产成品和在制品的存货变动，建筑业企业的建筑材料的存货变动，批发和零售业企业和交通运输业企业的流转存货变动等。[3]

货物和服务净出口指货物和服务出口减去货物和服务进口的差额。出口包括常住单位向非常住单位出售或无偿转让的各种货物和服务的

---

[1] 参见国家统计局《中国国民经济核算体系（2016）》，中国统计出版社，2017，第18页。

[2] 参见国家统计局《中国国民经济核算体系（2016）》，中国统计出版社，2017，第19、20页。

[3] 参见国家统计局《中国国民经济核算体系（2016）》，中国统计出版社，2017，第20页。

价值；进口包括常住单位从非常住单位购买或无偿得到的各种货物和服务的价值。

二　不变价 GDP 核算

不变价 GDP 核算也包括三种基本方法：价格指数缩减法、物量指数外推法和直接基年价值法。

（一）价格指数缩减法

价格指数缩减法，简称缩减法，就是利用有关价格指数去剔除现价 GDP 构成指标中所包含的价格变化因素，得出不变价 GDP 的相应构成指标。缩减法包括双缩法和单缩法。双缩法主要适用于生产法增加值，即分别利用现价总产出和现价中间投入除以相应的价格指数，得出不变价总产出和不变价中间投入，用不变价总产出减去不变价中间投入，得到不变价增加值。单缩法既适用于生产法增加值，也适用于收入法增加值和支出法 GDP 的构成指标，这种方法是利用现价增加值（包括现价生产法增加值和现价收入法增加值）直接除以相应价格指数，得出不变价增加值，或者利用现价支出法 GDP 构成指标直接除以有关价格指数，得出不变价支出法 GDP 的构成指标。

（二）物量指数外推法

物量指数外推法，简称外推法，就是利用有关物量指数外推基年 GDP 的构成指标，得出报告期不变价 GDP 的相应构成指标。这种方法也剔除了报告期现价 GDP 构成指标中所包含的价格变化因素。外推法包括双外推法和单外推法。双外推法主要适用于生产法增加值，即分别利用基年总产出和基年中间投入乘以相应的物量指数，得出报告期不变价总产出和不变价中间投入，用不变价总产出减去不变价中间投入，得到报告期不变价增加值。单外推法既适用于生产法增加值，也适用于收入法增加值和支出法 GDP 的构成指标，这种方法是利用基期增加值（包括生产法增加值和收入法增加值）直接乘以相应物量指数，得出报告期不变价增加值，或者利用基期支出法 GDP 构成指标直接乘以相应物量指数，得出报告期不变价支出法 GDP 构成指标。

（三）直接基年价值法

直接基年价值法，也称固定价格法，就是把产品价格固定在某一年（称为基年）或基年的某一时点，用报告期的数量乘以基年的固定价格，得到报告期不变价 GDP 的相应构成指标。

第三节　GDP 生产核算：主要资料来源和计算方法

本节介绍中国年度现价和不变价 GDP 生产核算的主要资料来源和计算方法。

GDP 生产核算就是各行业增加值核算，反映各行业的发展状况。各行业增加值核算包括现价核算和不变价核算，各行业现价增加值核算既可以采用生产法，也可以采用收入法，统称为现价 GDP 生产核算，相应的不变价核算称为不变价 GDP 生产核算。

一　现价 GDP 生产核算

现价 GDP 生产核算的主要资料来源包括以下四个组成部分。一是国家统计局系统的统计调查资料，包括国家统计局系统组织实施的农林牧渔业、工业、建筑业、批发和零售业、住宿和餐饮业、房地产开发经营业、服务业、劳动工资、住户、价格等统计调查资料。二是部门统计资料，即有关行政管理部门根据国家统计局与相应部门共同建立的部门统计制度收集的有关服务业统计资料，包括教育部、文化和旅游部、交通运输部等部门的有关部门服务业财务状况统计资料。三是部门会计决算资料，主要包括中国人民银行、原银保监会、证监会等部门的会计决算资料。四是部门行政记录，主要包括财政部的财政决算资料、国家税务总局的分行业税收资料等。

现价 GDP 生产核算采用直接计算法与间接计算法相结合的方法。直接计算法就是直接利用生产法或收入法计算行业现价增加值，这种方法要求能够获得比较完整的资料。如果采用生产法，要求能够获得计算生产法增加值的两个项目，即总产出和中间投入的资料；如果采用收入法，要求能够获得计算收入法增加值的四个构成项目，即劳动者报酬、生产税净额、固定资产折旧和营业盈余的资料。

间接计算法主要包括比重推算法、增加值率推算法和相关指标推算法。比重推算法是针对只能获得一部分比较完整的资料的行业所采取的计算方法。对于这样的行业，先采用直接计算法计算出其中一部分增加值，然后利用经济普查年度这部分增加值占整个行业增加值的比重进行外推，得出整个行业增加值。增加值率推算法是针对只能获得计算总产出所需要的比较完整的资料来源的行业所采取的计算方法。对于这样的行业，先计算出总产出，然后利用总产出乘以经济普查年度增加值率，或者利用总产出乘以经济普查年度收入法增加值构成项目占总产出比率（在增加值率或者收入法增加值构成项目占总产出比率发生明显变化时做适当调整）计算出相应行业的增加值。相关指标推算法是针对那些资料来源更少的行业所采取的计算方法，包括两种情况：一种是利用相关指标与增加值绝对额之间的比例系数计算行业增加值的方法；另一种是利用相关指标发展速度与增加值发展速度[1]之间的比例系数计算行业增加值的方法。对于第一种情况，先确定相关指标与增加值绝对额之间的比例系数，然后利用当年相关指标和上述比例系数计算出相应行业当年增加值。对于第二种情况，先确定相关指标发展速度与增加值发展速度之间的比例关系，然后利用该行业上年度增加值、相关指标发展速度和上述比例关系计算出相应行业增加值。

下面对一些主要行业现价增加值核算方法进行介绍。

（一）农林牧渔业

农林牧渔业增加值按照农业、林业、畜牧业、渔业和农林牧渔服务业五个大类行业分别计算。其中，农业、林业、畜牧业、渔业增加值计算采用生产法。总产出主要采用产品法计算，即利用上述每一行业的每种产品产量乘以价格计算相应产品的产出，然后把同一行业内各种产品产出相加计算出相应行业的总产出。农业、林业、畜牧业和

---

[1] 发展速度与增长速度不同，两者之间的关系是：某指标的发展速度 =1+ 该指标的增长速度。

渔业中间投入指这些行业生产过程中所消耗的货物和服务的价值。其中所消耗的货物价值包括外购的和计入总产出的自给性货物的价值，如种籽、饲料、肥料、农药、燃料、用电、小农具、原材料等价值；所消耗的服务价值指的是支付的各种服务费，例如修理费、运输费、畜禽配种费、畜禽防疫医疗费、旅馆费、车船费、广告费等。中间投入数据主要通过以下几种方式取得：一是从主要农产品中间投入调查取得的单位产品（面积等）的中间投入定额或技术比率，推算出各行业中间投入；二是从农林牧渔业中间消耗统计中获得；三是通过典型调查或从有关管理部门获得。

农林牧渔服务业增加值采用收入法，利用劳动工资统计资料、市场监督管理部门行政管理资料、投入产出调查资料等计算。

（二）工业

工业包括采矿业，制造业，电力、热力、燃气及水生产和供应业3个门类、41个大类。工业增加值按照41个行业大类分别计算[1]。每个行业增加值都由规模以上工业企业增加值、规模以下工业企业增加值和工业个体经营户增加值三部分组成。其中，规模以上工业企业增加值分两步计算。首先，利用成本费用调查资料，采用收入法计算出规模以上工业成本费用调查企业的分行业收入法增加值；然后，利用规模以上工业企业分行业总产出乘以规模以上工业成本费用调查企业相应行业收入法增加值构成项目占总产出的比率计算出规模以上工业

---

[1]　本章中的行业大类均指国家标准管理部门2017年颁布的国民经济行业分类标准中的大类，参见中华人民共和国国家质量监督检验检疫总局、中国国家标准化管理委员会《国民经济行业分类》（GB/T4754—2017），中国标准出版社，2017。

企业分行业增加值。规模以下工业企业增加值利用规模以下工业企业抽样调查资料采用收入法计算。工业个体经营户收入法增加值利用工业个体经营户抽样调查资料和最近一次经济普查年度工业个体经营户收入法增加值构成项目占总产出的比率资料计算。

（三）建筑业

建筑业增加值按照房屋建筑业，土木工程建筑业，建筑安装业，建筑装饰、装修和其他建筑业 4 个行业大类分别计算。每个行业增加值都由有资质的建筑业企业增加值、资质外建筑业企业增加值和建筑业个体经营户增加值三部分组成。目前，有资质的建筑业企业增加值利用有总承包和专业承包资质的建筑业企业财务状况调查资料、有劳务分包资质的建筑业企业生产经营情况调查资料和最近年度投入产出调查资料采用收入法计算。其余部分建筑业增加值利用有资质的建筑业企业增加值和最近一次经济普查年度有资质的建筑业企业增加值占全部建筑业增加值的比重推算的方法获得。

（四）批发和零售业

批发和零售业增加值按照批发业和零售业两个行业大类分别计算。每个行业增加值都由限额以上企业增加值、限额以下企业增加值和个体经营户增加值三部分组成。其中，限额以上企业增加值利用限额以上批发和零售业企业财务状况调查资料、财政收支决算资料和最近年度投入产出调查资料采用收入法计算。限额以下企业、个体经营户增加值利用限额以下批发和零售业企业、个体经营户商品销售额抽样调查资料，以及最近一次经济普查年度限额以下批发和零售业企业、个体经营户收入法增加值构成项目占总产出的比率资料计算。

（五）交通运输、仓储和邮政业

交通运输、仓储和邮政业增加值按照铁路运输业、道路运输业、水上运输业、航空运输业、管道运输业、多式联运和运输代理业、装卸搬运和仓储业、邮政业 8 个行业大类分别计算。其中，铁路运输业增加值利用中国铁路总公司部门服务业企业财务状况统计资料和最近年度投入产出调查资料采用收入法计算。

道路运输业、水上运输业、航空运输业、管道运输业、多式联运和运输代理业、装卸搬运和仓储业、邮政业每个行业增加值都由规模以上企业增加值、规模以下企业增加值和个体经营户增加值三部分组成。其中，每一行业规模以上企业增加值都利用相应行业规模以上企业财务状况调查资料和最近年度投入产出调查资料采用收入法计算。每一行业规模以下企业和个体经营户增加值都利用相应行业规模以上企业增加值和最近一次经济普查年度相应行业规模以上企业增加值占全行业增加值的比重推算。

（六）金融业

金融业增加值按照货币金融服务、资本市场服务、保险业、其他金融业 4 个行业大类分别计算。其中，货币金融服务增加值利用中国人民银行的银行及相关金融业资产负债及损益表资料、住户收支调查资料和最近年度投入产出调查资料采用收入法计算。资本市场服务增加值利用证监会证券业利润和费用明细表及资产负债表，基金业利润表、业务及管理费用明细表和资产负债表，期货业利润和费用明细表及资产负债表资料，住户收支调查资料和最近年度投入产出调查资料采用收入法计算。保险业增加值利用原银保监会保险业费用明细表和利润表资料、住户收支调查资料和最近年度投入产出调查资料采用收入法计算。其他金融业增加值的计算方法与货币金融服务增加值计算方法相同。

（七）房地产业

房地产业增加值按照房地产开发经营、物业管理、房地产中介服务、房地产租赁经营和其他房地产业 5 个行业中类以及居民自有住房服务分别计算。其中，房地产开发经营增加值利用房地产开发经营企业财务状况调查资料和最近年度投入产出调查资料采用收入法计算。物业管理增加值包括规模以上物业管理企业增加值和规模以下物业管理企业增加值两大部分。其中，规模以上物业管理企业增加值利用规模以上物业管理企业财务状况调查资料和最近年度投入产出调查资料采用收入法计算。规模以下物业管理企业增加值采用收入法增加值构成项目占总产出的比率推算法计算。房地产中介服务、房地产租赁经营和其他房地产业增加值的计算方法与物业管理增加值计算方法基本相同。目前，居民自有住房服务增加值只包括固定资产折旧，具体包括城镇居民自有住房折旧和农村居民自有住房折旧，这些折旧都是利用相应的住房造价乘以折旧率计算的。[1]

二 不变价 GDP 生产核算

不变价 GDP 生产核算主要利用缩减法或外推法计算各行业不变价

---

[1] 参见国家统计局国民经济核算司《中国第三次经济普查年度国内生产总值核算方法》，2016，第 102~104 页。

增加值。这种方法要求具有与现价 GDP 生产核算的行业分类相对应
的比较详细的价格指数或物量指数。如果某些行业不具有相应的价格
指数或物量指数，需要构造出比较合适的价格指数或物量指数，从而
能够比较合理地剔除相应行业现价增加值所包含的价格变动因素，实
现年度之间行业不变价增加值的可比性。

下面介绍中国主要行业不变价增加值的核算方法。

（一）农林牧渔业不变价增加值

农林牧渔业不变价增加值按农业、林业、畜牧业、渔业、农林
牧渔业服务业 5 个行业大类分别计算，均使用单缩法[1]，价格指数分
别为农产品生产价格指数、林产品生产价格指数、畜产品生产价格
指数、水产品生产价格指数和农业生产资料价格指数中的农业生产

---

[1] 中国农林牧渔业不变价增加值计算方法曾经发生过两次重大变化，一次是在 2004 年，
另一次是在 2005 年。2004 年之前，农林牧渔业不变价增加值使用以下计算方法：农林牧
渔业不变价总产出利用农林牧渔业统计中的农林牧渔业基期现价总产值和同一基期内各年
不变价总产值发展速度外推的方法计算；农林牧渔业不变价中间投入利用农林牧渔业统计
中的种籽、肥料、燃料、农药、用电等各项现价中间投入以及价格统计中的相应价格指数
进行缩减，然后汇总得到；农林牧渔业不变价增加值等于不变价总产出减去不变价中间投
入。详见国家统计局国民经济核算司《中国年度国内生产总值计算方法》，中国统计出版
社，1997，第 27~30 页；许宪春：《中国现行工农业不变价增加值的计算方法及其改革》，
《管理世界》2001 年第 3 期。2004 年，即第一次经济普查年度，农林牧渔业中的农业、
林业、畜牧业和渔业不变价增加值使用以下计算方法：不变价总产出使用价格指数缩减法，
价格指数分别为农产品、林产品、畜产品和水产品生产价格指数；不变价中间投入仍然利
用农林牧渔业统计中的种籽、肥料、燃料、农药、用电等各项现价中间投入以及价格统计
中的相应价格指数进行缩减，然后汇总得到；不变价增加值等于不变价总产出减去不变价
中间投入。农林牧渔业服务业不变价增加值使用单缩法，价格指数为农村居民消费价格指
数中的服务项目价格指数。参见国家统计局国民经济核算司《中国经济普查年度国内生产
总值核算方法》，中国统计出版社，2007，第 12~13 页。2005 年以后，农林牧渔业不变
价增加值计算使用本章阐述的方法。

服务价格指数。[1]

（二）工业不变价增加值

工业不变价增加值按41个工业行业大类计算，均使用单缩法[2]，价格指数为工业生产者出厂价格指数中对应的41个工业行业大类指数。[3]

（三）建筑业不变价增加值

建筑业不变价增加值按房屋建筑业，土木工程建筑业，建筑安装业，建筑装饰、装修和其他建筑业4个大类计算，使用单缩法，价格指数均为建筑安装工程价格指数。[4]

---

[1] 参见国家统计局国民经济核算司《中国非经济普查年度国内生产总值核算方法》，中国统计出版社，2008，第15页；《中国第二次经济普查年度国内生产总值核算方法》，2011，第14~15页；《中国非经济普查年度国内生产总值核算方法》（第一次修订），2013，第16页。其中，《中国非经济普查年度国内生产总值核算方法》关于农林牧渔服务业所使用的价格指数为居民消费价格指数，后两部文献将该价格指数修订为农业生产资料价格指数中的农业生产服务价格指数。

[2] 中国工业不变价增加值计算一直使用单缩法，但是所使用的缩减指数在2004年发生重大变化。2004年前，采用的是报告期工业现价总产出与同期工业不变价总产出之比，详见国家统计局国民经济核算司《中国年度国内生产总值计算方法》，中国统计出版社，1997，第40~41页；许宪春：《中国现行工农业不变价增加值的计算方法及其改革》，《管理世界》2001年第3期。从2004年开始，采用工业生产者出厂价格指数。

[3] 参见国家统计局国民经济核算司《中国经济普查年度国内生产总值核算方法》，中国统计出版社，2007，第21页；《中国非经济普查年度国内生产总值核算方法》，中国统计出版社，2008，第22页；《中国第二次经济普查年度国内生产总值核算方法》，2011，第22页；《中国非经济普查年度国内生产总值核算方法》（第一次修订），2013，第24~25页。

[4] 参见国家统计局国民经济核算司《中国经济普查年度国内生产总值核算方法》，中国统计出版社，2007，第27页；《中国非经济普查年度国内生产总值核算方法》，中国统计出版社，2008，第27页；《中国第二次经济普查年度国内生产总值核算方法》，2011，第29页；《中国非经济普查年度国内生产总值核算方法》（第一次修订），2013，第30页。

（四）批发和零售业不变价增加值

批发和零售业不变价增加值按批发业和零售业 2 个大类计算，使用单缩法，价格指数均为商品零售价格指数。[1]

（五）交通运输、仓储和邮政业不变价增加值

交通运输、仓储和邮政业不变价增加值按铁路运输业、道路运输业、水上运输业、航空运输业、管道运输业、多式联运和运输代理业、装卸搬运和仓储业、邮政业等 8 个大类分别计算。其中，铁路运输业、道路运输业、水上运输业、航空运输业、管道运输业和邮政业，使用物量指数外推法，前四个行业物量指数分别为相应行业的客货运周转量指数，后两个行业分别为输油（气）周转量指数和邮政业务总量指数；多式联运和运输代理业、装卸搬运和仓储业，使用单缩法，价格指数为居民消费价格指数中的服务项目价格指数。[2]

（六）金融业不变价增加值

金融业不变价增加值按货币金融服务、资本市场服务、保险业、

---

[1]　参见国家统计局国民经济核算司《中国经济普查年度国内生产总值核算方法》，中国统计出版社，2007，第 46 页;《中国非经济普查年度国内生产总值核算方法》，中国统计出版社，2008，第 49 页;《中国第二次经济普查年度国内生产总值核算方法》，2011，第 48 页;《中国非经济普查年度国内生产总值核算方法》（第一次修订），2013，第 59~60 页。

[2]　参见国家统计局国民经济核算司《中国非经济普查年度国内生产总值核算方法》，中国统计出版社，2008，第 37、38 页;《中国第二次经济普查年度国内生产总值核算方法》，2011，第 41 页;《中国非经济普查年度国内生产总值核算方法》（第一次修订），2013，第 47、48 页。由于分类略有变化，本章介绍的计算方法与上述文献略有不同，主要表现在城市公共交通业不变价增加值的计算上。由于新的国民经济行业分类国家标准把城市公共交通业分别归入道路运输业和水上运输业，新的计算方法中没有再单独计算这部分不变价增加值。

其他金融业 4 个大类分别计算。[1] 其中，货币金融服务使用单缩法，价格指数为同业拆借利率指数和消费投资价格指数加权平均指数。其中：

同业拆借利率指数 = 银行间同业拆借利率指数

消费投资价格指数 = 居民消费价格指数 × ［最终消费支出 ÷（最终消费支出 + 固定资本形成总额）］+ 固定资产投资价格指数 ×［固定资本形成总额 ÷（最终消费支出 + 固定资本形成总额）］

资本市场服务使用单外推法，物量指数为股票成交量指数。保险业使用单缩法，价格指数为资本市场服务缩减指数和消费投资价格指数加权平均指数。其中，资本市场服务缩减指数即资本市场服务现价增加值与不变价增加值之比。其他金融服务使用单缩法，价格指数为货币金融服务价格指数。[2]

（七）房地产业不变价增加值

房地产业不变价增加值按房地产开发经营、物业管理、房地产中介服务、房地产租赁经营、居民自有住房服务和其他房地产业计算，其中，房地产开发经营、物业管理、房地产中介服务、房地产租赁经

---

[1]　金融业不变价增加值的计算方法在第二次经济普查年度（2008 年）进行过一次较大幅度的修订。2008 年之前，金融业不变价增加值统一采用消费投资价格指数进行缩减，没有按 4 个大类分别计算。参见国家统计局国民经济核算司《中国经济普查年度国内生产总值核算方法》，中国统计出版社，2007，第 58 页；《中国非经济普查年度国内生产总值核算方法》，中国统计出版社，2008，第 64 页；2008 年以后，修订为本章介绍的方法。

[2]　参见国家统计局国民经济核算司《中国第二次经济普查年度国内生产总值核算方法》，2011，第 67、68 页；《中国非经济普查年度国内生产总值核算方法》（第一次修订），2013，第 83~85 页。

营和其他房地产业使用单缩法，居民自有住房服务使用单外推法。房地产开发经营采用房屋销售价格指数、土地交易价格指数和房屋租赁价格指数的加权平均指数；物业管理采用物业管理价格指数；房地产租赁经营采用房屋租赁价格指数；房地产中介服务和其他房地产业均采用居民消费价格指数中的服务项目价格指数；居民自有住房服务采用城镇居民和农村居民自有住房面积指数。[1]

第四节　GDP 使用核算：主要资料来源和计算方法

GDP 使用核算就是支出法 GDP 核算，反映各项最终需求的发展变化情况。为了与 GDP 生产核算相对应，称之为 GDP 使用核算。

中国 GDP 使用核算包括现价核算和不变价核算。现价核算就是计算现价支出法 GDP 的各构成项目，即居民消费支出、政府消费支出、固定资本形成总额、存货变动、货物和服务净出口；不变价核算就是计算不变价支出法 GDP 的上述各构成项目。

---

[1]　参见国家统计局国民经济核算司《中国非经济普查年度国内生产总值核算方法》，中国统计出版社，2008，第 69、70 页;《中国第二次经济普查年度国内生产总值核算方法》，2011，第 81、82 页;《中国非经济普查年度国内生产总值核算方法》（第一次修订），2013，第 91~93 页。关于居民自有住房服务不变价增加值的计算方法，前一部参考文献与后两部参考文献不同，前一部使用的是价格指数缩减法，价格指数为房屋租赁价格指数;后两部使用的是物量指数外推方法，物量指数为城镇居民和农村居民自有住房面积指数。实际上，国家统计局利用第二次经济普查（2008 年）的机会对国内生产总值核算方法进行了一系列修订，居民自有住房服务不变价增加值计算方法的修订是这一系列修订的内容之一，后两部文献体现了这些计算方法的修订。

一 现价 GDP 使用核算

下面按居民消费支出、政府消费支出、固定资本形成总额、存货变动、货物和服务净出口五个部分阐述现价 GDP 使用核算的主要资料来源和计算方法。

（一）居民消费支出

支出法 GDP 中的居民消费支出以住户调查中的居民消费支出资料为基础，综合运用有关货物和服务生产经营、销售资料以及行政记录等进行计算。

住户调查中的居民消费支出包括以下 8 个大类：（1）食品烟酒；（2）衣着；（3）居住；（4）生活用品及服务；（5）交通和通信；（6）教育文化和娱乐；（7）医疗保健；（8）其他用品及服务。[1] 支出法 GDP 中的居民消费支出包括以下 10 个大类：（1）食品烟酒；（2）衣着；（3）居住；（4）生活用品及服务；（5）交通和通信；（6）教育文化和娱乐；（7）医疗保健；（8）金融中介服务；（9）保险服务；（10）其他用品及服务。

由上述分类可知，支出法 GDP 中的居民消费支出比住户调查中的居民消费支出多出两个类别，一是金融中介服务，二是保险服务。支出法 GDP 中的居民消费支出的其余 8 个类别在名称上虽然与住户调查

---

[1] 参见国家统计局《住户收支与生活状况调查方案（2017 年统计年报和 2018 年定期统计报表）》，2017。

中的居民消费支出的 8 个类别一致，但许多类别都部分地采用了不同的资料来源。一是居住支出，按租赁房房租、住房维修及管理支出、水电燃料及其他支出和居民自有住房服务支出 4 部分计算。其中，居民自有住房服务支出直接利用 GDP 生产核算中的居民自有住房服务总产出数据。

二是生活用品及服务支出，按化妆品支出、家政服务支出和生活用品及服务其他支出 3 部分计算。其中，化妆品支出利用限额以上批发和零售业化妆品零售额、最近一次经济普查年度限额以上批发和零售业化妆品零售额所占比重资料计算；家政服务支出利用家政行业协会的家政服务收入资料计算。

三是交通和通信支出，按照购买汽车支出、电信服务支出、交通和通信其他支出三部分计算。其中，购买汽车支出利用中国汽车工业协会的国产轿车销售量、海关总署的国外轿车进口量和国产轿车出口量、通过重点调查确定的私人购买轿车比重等资料计算；电信服务支出利用工信部的电信业务收入、居民电信费比重等资料计算。

四是教育文化和娱乐支出，其中的居民自费留学支出利用教育部出国留学人数资料和教育机构调查取得的自费留学人均费用资料计算。

五是医疗保健支出，包括城镇居民个人支付的药品和诊疗费、城镇职工和居民通过社保基金报销的药费、商业健康保险机构赔付给居民的诊疗费；农村居民个人支付的药品和诊疗费、财政用于农村居民的新农合支出。其中，城镇职工及居民通过社保基金报销的药费利用人力资源和社会保障部社会保险基金收支资料计算；商业健康保险机构赔付给居民的诊疗费利用原银保监会的保险公司业务经济技术指标中的财产保险公司健康险赔款及给付、人寿保险公司健康险赔款及给付等有关资料计算；财政用于农村居民的新农合支出利用国家卫健委的全国新型农村合作医疗运行情况资料计算。

六是其他用品及服务支出，按金银珠宝首饰支出、美容美发洗浴等服务支出、其他用品及服务其余支出三部分计算。其中，金银珠宝首饰支出利用限额以上批发和零售业金银珠宝首饰零售额及最近一次经济普查年度限额以上批发和零售业金银珠宝首饰零售额所占比重资料推算；美容美发洗浴等服务支出利用美容美发洗浴等服务行业总产出和居民消费比重资料推算。

由于住户调查样本中高收入户的样本代表性不够，其他样本也有少报或者漏报的现象[1]，因此，利用住户调查资料推算上述第二至第六项，结果往往偏低，所以利用相对更好的资料来源代替住户调查资料进行推算。上述第一项，即居住支出中的居民自有住房服务支出采用GDP 生产核算中的居民自有住房服务总产出数据，是为了保持居民自有住房服务的生产与使用的一致性。

（二）政府消费支出

政府消费支出主要依据财政支出资料计算。但是，财政支出与政府消费支出在口径范围上是不同的，在计算时需要加以区分。

财政支出与政府消费支出在口径范围上的区别包括以下几个方面：一是财政支出包括经常性业务支出、投资性支出和转移性支出，政府消

---

[1] 事实上，住户配合程度不高、存在少报和漏报的现象不仅是中国政府统计面临的一大难题，也是政府统计的世界性难题。

费支出不包括其中的投资性支出和转移性支出；二是政府消费支出包括政府部门的固定资产折旧，财政支出不包括这部分折旧；三是政府消费支出要剔除政府部门的经营性收入，财政支出不需要剔除这部分收入。这是因为政府消费支出是政府部门承担的公共服务支出及个人消费货物和服务支出，政府部门承担的公共服务支出是利用政府部门提供公共服务的成本来衡量的。首先，这种成本只与财政支出中的经常性业务支出有关，与财政支出中的投资性支出和转移性支出无关；其次，政府部门提供公共服务所消耗的固定资产价值也是这种成本的构成部分；再次，政府部门提供的市场性服务不属于公共服务，所以在衡量政府部门提供的公共服务的价值时需要剔除政府部门的经营性收入。因此在利用财政支出资料计算政府消费支出时，首先要区分财政支出中的经常性业务支出，然后再利用政府部门的固定资产折旧和政府部门的经营性收入进行补充与调整。政府消费支出的计算公式如下：

政府消费支出＝财政支出中的经常性业务支出－政府部门的经营

性收入＋政府部门的固定资产折旧

在具体操作中，政府消费支出按工资福利性支出、商品和服务性支出、固定资产折旧三个组成部分分别计算。

（三）固定资本形成总额

固定资本形成总额是对投资统计中的全社会固定资产投资进行补充和调整计算出来的，其中包括口径范围方面的补充和调整以及数据高估方面的调整。口径范围方面的补充和调整包括：一是剔除全社会固定资产投资中包括的土地购置费、旧建筑物和旧设备购置费；二是补充计算全社会固定资产投资中不包括的 500 万元以下建设项目的固定资产投资；三是补充计算全社会固定资产投资中不包括的商品房销售增值，即商品房销售价值与商品房投资成本之间的差额；四是补充计算全社会固定资产投资中不包括的研究与开发、矿藏勘探与评估、计算机软件等知识产权产品的支出[1]。在具体操作中，固定资本形成总额按住宅、非住宅建筑物、土地改良支出、机器和设备支出、研究与开发支出、矿藏勘探费、计算机软件支出和其他支出8个组成部分分别计算。数据高估方面的调整主要是针对某些地方因制定不切实际的计划目标并进行政绩考核，从而导致全社会固定资产投资数据存在一定程度的高估而采取的数据调整措施。这方面的调整首先是利用相关资料，包括建筑业总产值、建筑业营业税、钢材水泥等建筑材料的生产和销售、建筑工程机械的生产销售和利用等资料，对全社会固定资产投资数据质量进行评估，然后根据评估情况对数据进行必要的调整。

（四）存货变动

存货变动按农林牧渔业、工业、建筑业、批发和零售业、交通运输仓储及邮政业、住宿和餐饮业、房地产业、其他服务业分别进行计算。每一行业的存货变动都利用相应行业的统计调查或会计汇总资料提供的期初期末存货价值资料计算。在计算存货变动时需要剔除由于核算期内价格变动引起的持有收益或损失，剔除的方法是，利用核算期有关价格指数将期初存货价值调整为按期末价格计算的期初存货价值，存货变动等于期末存货价值减去经价格调整之后的期初存货价值。

---

[1] 参见国家统计局国民经济核算司《中国第三次经济普查年度国内生产总值核算方法》，2016，第208页；许宪春、郑学工：《改革研发支出核算方法更好地反应创新驱动作用》，《国家行政学院学报》2016年第5期。

（五）货物和服务净出口

货物和服务净出口等于货物和服务出口减去货物和服务进口。货物和服务出口区分为货物出口和服务出口，直接利用国际收支平衡表中的相应资料进行计算。货物和服务进口的分类、资料来源及计算方法与货物和服务出口相同。

二　不变价 GDP 使用核算

不变价 GDP 使用核算主要是利用缩减法或外推法计算支出法 GDP 的各构成项目。这种方法要求具有与现价支出法 GDP 的各构成项目相对应的比较详细的价格指数或物量指数。如果某些构成项目不具有相应的价格指数或物量指数，需要构造出比较合适的价格指数或物量指数，从而能够比较合理地剔除相应构成项目所包含的价格变动因素，实现年度之间不变价构成项目的可比性。

（一）不变价居民消费支出

与现价支出法 GDP 核算一样，不变价支出法 GDP 核算把居民消费支出划分为以下 10 个类别：（1）食品烟酒；（2）衣着；（3）居住；（4）生活用品及服务；（5）交通和通信；（6）教育文化和娱乐；（7）医疗保健；（8）金融中介服务；（9）保险服务；（10）其他用品和服务。除了居住类中的居民自有住房服务支出外，不变价居民消费支出各类别均使用价格指数缩减法计算。其中，食品烟酒按照食品、烟酒和饮食服务三部分，分别采用居民消费价格指数中的食品类指数、烟酒及用品类指数和在外餐饮类指数计算；衣着、生活用

品及服务、交通和通信、教育文化和娱乐、医疗保健分别采用居民
消费价格指数中的衣着、生活用品及服务、交通和通信、教育文化
和娱乐、医疗保健类价格指数计算；居住中的房租、水、电、燃料
等方面的支出采用居民消费价格指数中的居住类价格指数计算；金
融中介服务采用货币金融服务缩减指数计算[1]；保险服务采用保险业
缩减指数计算[2]；其他用品和服务采用居民消费价格指数中的个人用
品及服务价格指数计算。居民自有住房服务支出使用物量指数外推
法计算，物量指数为城镇居民和农村居民自有住房面积指数。[3]

（二）不变价政府消费支出

不变价政府消费支出的计算使用价格指数缩减法，按政府消费支
出的构成部分，即政府部门的工资福利支出、商品和服务性支出、固
定资产折旧分别进行缩减，缩减指数分别为政府部门职工平均工资指

---

[1] 货币金融服务缩减指数，参见本章前面金融业不变价增加值计算部分。

[2] 保险业缩减指数，参见本章前面金融业不变价增加值计算部分。

[3] 参见国家统计局国民经济核算司《中国第二次经济普查年度国内生产总值核算方法》，
2011，第 161、162 页；《中国非经济普查年度国内生产总值核算方法》（第一次修订），
2013，第 165、166 页。不变价居民消费支出中的居民自有住房服务支出、金融中介服务、
保险服务的计算方法在第二次经济普查年度（2008 年）进行了系统修订。2008 年以前，
不变价居民自有住房服务支出使用价格指数缩减法，价格指数为固定资产投资价格指数或
房屋租赁价格指数；不变价金融中介服务和不变价保险服务均使用价格指数缩减法，缩减
指数均为消费投资价格指数。参见国家统计局国民经济核算司《中国经济普查年度国内生
产总值核算方法》，中国统计出版社，2007，第 99、100 页；《中国非经济普查年度国内
生产总值核算方法》，中国统计出版社，2008，第 123 页。2008 年以后，不变价居民自
有住房服务支出使用物量指数外推法，即本章阐述的方法，这种计算方法与居民自有住房
服务不变价增加值的计算方法保持一致；不变价金融中介服务和不变价保险服务的计算使
用本章阐述的方法，这种计算方法与货币金融服务和保险业不变价增加值的计算方法保持
一致。

数、居民消费价格指数和固定资产投资价格指数。[1]

（三）不变价固定资本形成总额

不变价固定资本形成总额的计算使用价格指数缩减法，按固定资本形成总额分类，即住宅、非住宅建筑物、机器和设备支出、土地改良支出、研究与开发支出、矿藏勘探费、计算机软件支出、其他支出分别进行缩减。其中，住宅进一步划分为住宅投资和住宅销售增值两部分，住宅投资部分采用固定资产投资价格指数中的建筑安装工程价格指数进行缩减；住宅销售增值部分采用房屋销售价格指数进行缩减；非住宅建筑物进一步划分为非住宅建筑物（不包括非住宅商品房销售增值）和非住宅商品房销售增值两部分，前一部分采用固定资产投资价格指数中的建筑安装工程价格指数进行缩减，后一部分采用房屋销售价格指数进行缩减；机器和设备支出采用固定资产投资价格指数中的设备工器具购置价格指数进行缩减；研究与开发支出采用工业生产者购进价格指数、研发人员工资指数和固定资产投资价格指数的加权平均指数进行缩减；土地改良支出、矿藏勘探费、计算机软件支出、其他支出分别采用固定资产投资价格指数、固定资产投资价格指数中的其他费用价格指数、商品零售价格指数中的计算机软件类指数和固

---

[1]　第三次经济普查以前，不变价政府消费支出按固定资产折旧和政府消费支出减去固定资产折旧两部分计算，前一部分采用固定资产投资价格指数缩减，后一部分采用居民消费价格指数缩减，参见国家统计局国民经济核算司《中国经济普查年度国内生产总值核算方法》，中国统计出版社，2007，第101页；《中国非经济普查年度国内生产总值核算方法》，中国统计出版社，2008，第125页；《中国第二次经济普查年度国内生产总值核算方法》，2011，第164、165页；《中国非经济普查年度国内生产总值核算方法》（第一次修订），2013，第168页。第三次经济普查以后，使用这里阐述的方法。

定资产投资价格指数中的其他费用价格指数进行缩减。

（四）不变价存货变动

不变价存货变动的计算主要使用价格指数缩减法，针对不同行业的存货变动采用不同的价格指数，其中，农林牧渔业存货变动采用农产品生产价格总指数[1]，工业、建筑业、房地产业存货变动均采用工业生产者出厂价格指数，批发和零售业、交通运输仓储和邮政业、住宿和餐饮业存货变动均采用商品零售价格指数，等等。[2]

（五）不变价货物和服务净出口

不变价货物和服务净出口的计算使用价格指数缩减法，按照货物出口、服务出口、货物进口和服务进口分别进行缩减。其中，货物出口采用出口商品价格指数，服务出口采用居民消费价格指数中的服务项目价格指数，货物进口采用进口商品价格指数，服务进口参考美国、欧盟、日本、韩国、中国香港等发达国家和地区的服务出口价格指数。[3]

---

[1] 指农产品、林产品、畜产品、水产品生产价格总指数，下同。

[2] 参见国家统计局国民经济核算司《中国经济普查年度国内生产总值核算方法》，中国统计出版社，2007，第106页；《中国非经济普查年度国内生产总值核算方法》，中国统计出版社，2008，第130、131页；《中国第二次经济普查年度国内生产总值核算方法》，2011，第174、175页；《中国非经济普查年度国内生产总值核算方法》（第一次修订），2013，第178、179页。

[3] 参见国家统计局国民经济核算司《中国经济普查年度国内生产总值核算方法》，中国统计出版社，2007，第109页；《中国非经济普查年度国内生产总值核算方法》，中国统计出版社，2008，第133页；《中国第二次经济普查年度国内生产总值核算方法》，2011，第178、179页；《中国非经济普查年度国内生产总值核算方法》（第一次修订），2013，第182、183页。

小 结

本章第一节总结了 21 世纪初以来，特别是党的十八大以来，国家统计局推出的一系列统计调查制度的重大改革，这些重大改革对中国 GDP 核算的改革与发展起到了重要的促进作用。一方面，这些重大改革为 GDP 核算提供了更加丰富和详细的资料来源。例如，经济普查由于动员了大量的人力物力财力，为普查年度 GDP 核算提供了更加丰富和详细的资料来源；服务业统计调查制度改革弥补了常规年度服务业增加值核算的资料来源缺口。另一方面，这些改革提高了 GDP 核算资料来源的数据质量。例如，企业一套表联网直报统计调查制度改革遏制了中间环节对资料来源可能带来的干扰，提高了这些资料来源的数据质量。所以，这些改革对于完善 GDP 的核算范围、细化 GDP 核算的行业分类、提高 GDP 的数据质量起到了重要的促进作用。

本章第二节梳理了现价 GDP 核算的基本方法，即生产法、收入法和支出法，以及不变价 GDP 核算的基本方法，即价格指数缩减法、物量指数外推法和直接基年价值法。

本章第三节和第四节阐述了中国现行 GDP 核算的主要资料来源和计算方法。这些资料来源和计算方法是多年来不断适应经济社会发展形势的变化、满足经济分析和管理的需要、针对国际标准的变化和统计调查制度的改革，不断修订和逐步完善起来的。

从中可以看出，中国 GDP 核算运用了大量的资料来源，包括统计调查资料、会计决算资料、行政记录等。GDP 构成指标的计算并不限于利用一种资料来源，例如，支出法 GDP 中的居民消费支出的计算并不只限于利用住户调查资料，其中的购买汽车支出就是利用中国汽车工业协会的国产轿车销售量、海关总署的国外轿车进口量和国产轿车出口量、私人购买轿车重点调查比重等资料计算的；化妆品支出及金银珠宝首饰支出就是利用批发和零售业化妆品零售额及金银珠宝首饰零售额等资料计算的。可以看出，在进行 GDP 核算时要对原始资料进行一系列评估和调整。例如，在计算支出法 GDP 中的固定资本形成总额时，首先要对投资统计中的全社会固定资产投资数据进行质量评估，然后进行一系列的口径范围调整和数据质量调整。无论是不变价 GDP 生产核算还是使用核算都使用了多种价格指数。其中，不变价 GDP 生产核算使用了农产品生产价格指数，工业生产者出厂价格指数，建筑安装工程价格指数，商品零售价格指数，房屋销售价格指数，土地交易价格指数，房屋租赁价格指数，居民消费价格指数中的物业管理指数、服务项目指数，等等。这些价格指数共同决定了从生产角度核算的 GDP 的缩减指数。不变价 GDP 使用核算使用了居民消费价格指数、建筑安装工程价格指数、设备工器具购置价格指数、货物出口和进口价格指数、农产品生产价格指数、工业生产者出厂价格指数，等等。这些价格指数共同决定了从使用角度核算的 GDP 的缩减指数。

经过多年的改革和发展，中国 GDP 核算的资料来源和计算方法不断完善，GDP 数据的质量和国际可比性不断提高，比较客观地反映了中国经济发展的实际情况。当然，与国民经济核算国际标准相比，与发达国家水平相比，中国 GDP 核算还有一定的差距。[1] 同时，中国经济发展不断出现新的情况，经济管理不断产生新的需求。因此，中国 GDP 核算需要不断改革和发展，以适应新情况、满足新需求、不断缩小与发达国家核算水平的差距、进一步提高数据质量和国际可比性，更好地服务于经济高质量发展。

---

[1]　参见许宪春、吕峰《改革开放 40 年来中国国内生产总值核算的建立、改革和发展研究》，《经济研究》2018 年第 8 期。

第二章　怎样理解居民可支配收入

在中国政府统计中，居民可支配收入包括资金流量核算中的居民可支配收入和住户调查中的居民可支配收入。这两个统计指标在基本用途、口径范围、资料来源和数据表现等方面均存在区别，在应用时需要准确理解和把握。

资金流量核算中的居民可支配收入是国民可支配收入的重要组成部分，反映了收入分配格局中居民获得的份额，在居民、企业和政府三者收入分配分析中具有十分重要的意义。住户调查中的居民可支配收入指调查户在调查期内获得的可以用来自由支配的收入，反映了居民可支配收入的详细来源和不同类型群体之间的收入差距，在居民收入来源分析和差距分析中发挥重要作用。

第一节　居民可支配收入：资金流量核算

资金流量核算是《中国国民经济核算体系（2016）》的重要组成部分，是依据国民经济核算国际标准[1]制定出来的，主要用于核算我国的收入分配和使用、资金筹集和运用等情况。其中的收入分配包括初次分配和再分配，是资金流量核算的重要内容。

根据上述核算体系给出的定义，收入初次分配是指生产活动创造的价值（增加值）在参与生产活动的生产要素所有者及政府之间的分配[2]。生产要素主要包括劳动力、金融资产和自然资源。劳动力所有者因提供劳动而获得劳动者报酬；金融资产所有者因提供金融资产获得投资收入，如借贷资本所有者获得利息收入、股权所有者获得红利收入等；自然资源所有者因出让自然资源使用权而获得地租收入。投资收入和地租收入统称为财产收入。政府因国家管理需要对生产活动或生产要素征收生产税，同时也因扶持有关生产活动而支付生产补贴，生产税与生产补贴的差额称为生产税净额。因此收入初次分配涉及增加值、劳动者报酬、生产税净额、财产收入等指标。收入初次分配的结果形成居民、企业、政府初次分配总收入，其指标构成情况如下：

---

[1]　指联合国、欧盟委员会、经济合作与发展组织、国际货币基金组织和世界银行共同制定的《国民账户体系（2008）》，简称"2008 年 SNA"。

[2]　参见国家统计局《中国国民经济核算体系（2016）》，中国统计出版社，2017，第27 页。

居民初次分配总收入＝增加值＋应收劳动者报酬－应付劳动者报
$$酬－应付生产税净额＋应收财产收入－应$$
$$付财产收入 \tag{1}$$

企业初次分配总收入＝增加值－应付劳动者报酬－应付生产税净
$$额＋应收财产收入－应付财产收入 \tag{2}$$

政府初次分配总收入＝增加值－应付劳动者报酬＋应收生产税净
$$额－应付生产税净额＋应收财产收入－应$$
$$付财产收入 \tag{3}$$

居民、企业、政府的初次分配都从增加值开始。其中，居民的增加值包括农户、个体经营户、居民自有住房服务和雇佣付酬家政人员提供的家庭和个人服务创造的增加值；企业和政府的增加值分别指企业部门和政府部门创造的增加值。居民应收劳动者报酬指居民从各个部门获得的劳动者报酬，居民应付劳动者报酬指农户、个体经营户和雇佣付酬家政人员支付的劳动者报酬，居民应付生产税净额指农户、个体经营户支付给政府部门的生产税净额[1]，居民应收财产收入指居民从各个部门获得的财产收入，居民应付财产收入指居民支付给各部门的财产收入。企业应付劳动者报酬指企业支付给居民部门和国外部门的劳动者报酬，企业应付生产税净额指企业支付给政府部门和国外部门的生产税净额，企业应收财产收入指企业从各部门获得的财产收入，企业应付财产收入指企业支付给各部门的财产收入。政府应付劳动者报酬指政府部门支付给居民部门和国外部门的劳动者报酬，政府应收生产税净额指政府部门从各部门获

---

[1] 假定农户和个体经营户没有支付给国外部门的生产税净额。

得的生产税净额，政府应付生产税净额指政府部门支付给政府部门本身和国外部门的生产税净额，政府应收财产收入指政府部门从各部门获得的财产收入，政府应付财产收入指政府部门支付给各部门的财产收入。

根据各部门收入法增加值的构成项目，公式（1）（2）（3）可以变换为：

居民初次分配总收入＝固定资产折旧＋营业盈余＋应收劳动者报
酬＋应收财产收入－应付财产收入　　（4）

企业初次分配总收入＝固定资产折旧＋营业盈余＋应收财产收入
－应付财产收入　　　　　　　　（5）

政府初次分配总收入＝固定资产折旧＋应收生产税净额＋应收财
产收入－应付财产收入　　　　　（6）

居民、企业、政府初次分配总收入之和就是国民总收入，即：

国民总收入＝居民初次分配总收入＋企业初次分配总收入＋政府
初次分配总收入　　　　　　　　（7）

根据公式（1）（2）（3），经过整理，可得：

国民总收入＝国内生产总值＋来自国外的劳动者报酬净额＋来自
国外的财产收入净额＋来自国外的生产税净额－支
付国外的生产税净额　　　　　　（8）

一般来说，来自国外的生产税净额和支付国外的生产税净额很小，可以忽略，所以有：

国民总收入＝国内生产总值＋来自国外的劳动者报酬净额＋来自
国外的财产收入净额
＝国内生产总值＋来自国外的净要素收入　　（9）

公式（9）揭示出国民总收入与国内生产总值之间的关系。

根据《中国国民经济核算体系（2016）》给出的定义，收入再分配是指在初次分配总收入基础上通过经常转移对收入进行的再次分配。转移是指一个机构单位向另一个机构单位提供货物、服务或资产，但不从后者获取任何直接对应回报的一种交易。转移分为经常转移和资本转移。其中，经常转移是指交易的一方或双方都不涉及获得或处置资产（存货和现金除外）的转移。只有经常转移属于收入分配交易，而资本转移不属于收入分配交易。经常转移包括所得税、财产税等经常税、社会保险缴款和社会保险福利、社会保障补助、其他经常转移。所得税、财产税等经常税主要包括对居民收入或公司利润所征收的税，以及每年定期征收的财产税，但不包括对企业拥有并用于生产的土地、房屋或其他资产所征收的税，后者属于生产税。社会保险缴款和社会保险福利是围绕社会保险计划发生的转移收支。社会保障补助指由政府、企业和为住户服务的非营利机构向居民提供的用于抚恤补助、社会救助、社会福利等方面的支出。其他经常转移，指除上述三种经常转移外的所有经常转移。[1]

收入再分配的结果形成居民、企业、政府可支配总收入，其指标构成情况如下：

居民可支配总收入＝初次分配总收入＋经常转移收入－经常转移
支出

＝初次分配总收入＋（社会保险福利收入＋社

---

[1] 参见国家统计局《中国国民经济核算体系（2016）》，中国统计出版社，2017，第28~29页。

会保障补助收入＋其他经常转移收入）－（所
得税、财产税等经常税支出＋社会保险缴款
支出＋其他经常转移支出）　　　　　（10）

企业可支配总收入＝初次分配总收入＋经常转移收入－经常转移
支出

＝初次分配总收入＋其他经常转移收入－（所
得税、财产税等经常税支出＋社会保障补助
支出＋其他经常转移支出）　　　　　（11）

政府可支配总收入＝初次分配总收入＋经常转移收入－经常转移
支出

＝初次分配总收入＋（所得税、财产税等经常
税收入＋社会保险缴款收入＋其他经常转移
收入）－（所得税、财产税等经常税支出＋
社会保险福利支出＋社会保障补助支出＋其
他经常转移支出）　　　　　　　　　（12）

居民、企业、政府可支配总收入之和就是国民可支配总收入，即：

国民可支配总收入＝居民可支配总收入＋企业可支配总收入＋政
府可支配总收入　　　　　　　　　　（13）

根据公式（10）（11）（12），经整理，可得：

国民可支配总收入＝国民总收入＋来自国外的经常转移收入－支
付国外的经常转移

＝国民总收入＋来自国外的经常转移净收入
　　　　　　　　　　　　　　　　　（14）

根据公式（9），可得：

$$国民可支配总收入=国内生产总值+来自国外的净要素收入+来$$
$$自国外的经常转移净收入 \qquad （15）$$

公式（14）和（15）给出了国民可支配总收入与国民总收入和国内生产总值之间的关系。

从公式（1）（2）（3）中的增加值中扣除固定资产折旧，则增加值转变为净增价值，居民初次分配总收入、企业初次分配总收入和政府初次分配总收入相应地转变成居民初次分配净收入、企业初次分配净收入和政府初次分配净收入，习惯上忽略其中的"净"字，称为居民初次分配收入、企业初次分配收入和政府初次分配收入。相应地，居民可支配总收入、企业可支配总收入、政府可支配总收入和国民可支配总收入也就转变为净值，即居民可支配收入、企业可支配收入、政府可支配收入和国民可支配收入。

根据公式（4）和（10），可得：

$$居民可支配收入=应收劳动者报酬+营业盈余+应收财产收入-$$
$$应付财产收入+经常转移收入-经常转移支出$$
$$=应收劳动者报酬+营业盈余+财产净收入+经$$
$$常转移净收入 \qquad （17）$$

公式（17）右侧最后一个等号中的前三项，即应收劳动者报酬、营业盈余和财产净收入之和是居民初次分配收入。其中，应收劳动者报酬指的是居民在生产活动中投入劳动所获得的全部报酬，既包括货币形式的，也包括实物形式的，其中包括单位交纳的社会保险缴款、住房公积金，还包括行政单位职工的离退休金。单位交纳的社会保险

缴款即单位按照国家法律规定为其职工能够得到未来的社会保险福利
而向社会保险机构交纳的社会保险金，包括基本养老保险、医疗保
险、失业保险、工伤保险、生育保险等所交纳的社会保险金。应收劳
动者报酬还包括个体经营户的业主及其家庭成员投入劳动应得的报酬
和农户户主及其家庭成员投入劳动应得的报酬与农户创造的利润。

　　营业盈余指的是个体经营户（不包括农户，下同）[1]所创造的利
润。实际上，个体经营户的业主及其家庭成员投入劳动应得的报酬与
个体经营户创造的利润是难以分开的，国内生产总值核算依据经济普
查资料计算的每一行业相近规模企业的收入法增加值有关构成项目的
比重，对两者进行了划分，把个体经营户的业主及其家庭成员投入劳
动应得的报酬部分计入劳动者报酬，把个体经营户创造的利润部分计
入营业盈余。[2]资金流量核算采用了国内生产总值核算的相应处理结
果。农户户主及其家庭成员投入劳动应得的报酬与农户创造的利润同
样难以分开，考虑到农户经营规模比较小、劳动生产率比较低、利润
率比较低，将农户的这两部分收入全部作为劳动报酬处理了[3]。营业盈
余还包括农户得到的农业生产补贴[4]，包括粮食直接补贴、良种补贴、

---

[1]　第二次全国经济普查规定，个体经营户不包括农户，参见国家统计局、国务院第二次
全国经济普查领导小组办公室《第二次全国经济普查方案》，2008，第 238 页。

[2]　参见国家统计局国民经济核算司《中国第二次经济普查年度国内生产总值核算方法》，
2011，第 4、5 页。

[3]　参见国家统计局国民经济核算司《中国第二次经济普查年度国内生产总值核算方法》，
2011，第 13 页。

[4]　这是因为在国内生产总值核算和资金流量核算中，农业生产补贴是作为负的农业生产
税处理的，从而冲减农业生产税、增加营业盈余。

农机具购置补贴、生产资料购买补贴、养殖业补贴等。

居民的应收财产收入主要指的是居民拥有存款应获得的存款利息，居民拥有债券应获得的债券利息，居民拥有公司股票应获得的红利等；居民的应付财产收入主要指的是居民使用生活贷款支付的利息。

居民的经常转移收入包括社会保险福利、社会保障补助、非寿险索赔等；居民的经常转移支出包括所得税、财产税等经常税、社会保险缴款、非寿险净保费支出[1] 等。其中的社会保险缴款包括单位代职工交纳的社会保险缴款和居民个人交纳的社会保险缴款。单位代职工交纳的社会保险缴款在初次分配中表现为劳动者报酬的一部分，在再分配中表现为经常转移支出的一部分。社会保险福利是社会保险机构按照国家的法律规定向交纳社会保险缴款的个人支付的社会保险金；社会保障补助是国家财政用于抚恤、生活补助、社会救济等方面的支出。

第二节　居民可支配收入：住户调查

中国从 20 世纪 50 年代中期就开始开展住户调查。正如第一章所指出的，城乡住户调查很长时期各自独立开展，两者在抽样方法、调查方式、调查指标的定义、口径范围、基本分类和计算方法等方面存在不统一的问题。同时，城乡住户调查与人口统计在农民工城乡划分方面存在

---

[1]　按照 2008 年 SNA 的定义，非寿险保费净支出等于投保人为在核算期内获得保险而应支付的实际保费，加上属于投保人的财产收入中应付的追加保费，减去应付给保险公司的服务费。参见 2008 年 SNA，第 8 章第 117 段。

不一致的问题。2013 年，国家统计局开展了城乡住户调查一体化改革，解决了城乡住户调查中的抽样方法、调查方式、调查指标的统一性问题，解决了住户调查与人口统计关于农民工城乡划分不一致的问题。[1]

城乡住户调查一体化改革之前，反映农村居民收入的指标是农村居民人均纯收入，反映城镇居民收入的指标是城镇居民人均可支配收入，由于两者的定义、口径范围和计算方法不一致，所以无法获得全国居民收入指标。城乡住户调查一体化改革将城乡居民收入指标统一定义为居民可支配收入，统一和规范了城乡居民可支配收入的口径范围和计算方法，从而可以获得全国居民可支配收入指标。那么，城乡住户调查一体化改革之后，居民可支配收入指标是怎么界定的呢？采用了什么样的计算方法？这是讨论资金流量核算中的居民可支配收入与住户调查中的居民可支配收入之间的区别的基础。

按照《住户收支与生活状况调查方案》[2]，城乡住户调查一体化改革之后，可支配收入指调查户在调查期内获得的、可用于最终消费支出和储蓄的总和，即调查户可以用来自由支配的收入。可支配收入既包括现金收入，也包括实物收入。按照收入的来源，可支配收入包括四项，分别是：工资性收入、经营净收入、财产净收入和转移净收入。计算公式为：

$$可支配收入 = 工资性收入 + 经营净收入 + 财产净收入 + 转移净收入 \tag{18}$$

---

[1] 参见第一章第一节中的城乡住户调查一体化改革部分。

[2] 参见国家统计局《国家统计调查制度（2019）》，中国统计出版社，2019，第 1880~1884 页。

其中，工资性收入是指就业人员通过各种途径得到的全部劳动报酬和各种福利，包括受雇于单位或个人、从事各种自由职业、兼职和零星劳动得到的全部劳动报酬和福利。工资性收入划分为工资、实物福利和其他三部分。工资是指就业人员通过劳动从单位或雇主获取的各种现金报酬、奖金、津贴、奖励、住房补贴、交通补贴、车改补贴、通信补贴、冬季取暖费和防暑降温费等。工资包括各种扣款，如工作单位代扣的由个人承担的养老保险、医疗保险、失业保险和住房公积金，以及单位在工资中代扣的房租、水费、电费、托儿费、医疗费、借款等。工资按收付实现制计算，只要是在调查期内实际得到的工资，无论该工资是补发还是预发，都应归为本期得到的工资收入。本调查期内应得但因拖欠等原因未得到的工资不应计入。

实物福利是指单位或雇主免费或低价提供给员工的各种货物和服务折价。实物福利的估价遵循以下原则：如果货物或服务是单位或雇主购买的，则采用购买者价格进行估价；如果货物或服务是单位或雇主自己生产的，则采用生产者价格进行估价。如果货物或服务是免费提供给职工的，则实物福利的价值就是所提供的货物或服务的全部价值；如果货物或服务是以低于市场价格提供给职工的，则实物福利的价值就是所提供的货物或服务的市场价值与实际支付额之间的差额。

其他是指就业人员获取的、除工资以外的其他现金报酬以及单位缴纳的各种社会保险费，包括因裁员得到的一次性辞退金；股份制企业派发或奖励给员工的股票和期权；调动工作的安家费；根据国务院有关规定颁发的创造发明奖、自然科学奖和科学技术进步奖以及支付给运动员、教练员的奖金；个人从事自由职业如写作、翻译、设计等得到的稿费、翻译费、设计费、讲课费、咨询费等劳动报酬。

经营净收入是指住户或住户成员从事生产经营活动所获得的净收入，是全部经营收入扣除经营费用、生产性固定资产折旧和生产税之后得到的净收入。计算公式为：

经营净收入＝经营收入－经营费用－生产性固定资产折旧－生产税

财产净收入是指住户或住户成员将其所拥有的金融资产、住房等非金融资产和自然资源交由其他机构单位、住户或个人支配而获得的回报并扣除相关的费用之后得到的净收入。财产净收入包括利息净收入、红利收入、储蓄性保险净收益、转让承包土地经营权租金净收入、出租房屋净收入、出租其他资产净收入和自有住房折算净租金等。计算公式为：

财产净收入＝财产性收入－财产性支出

转移净收入为转移性收入与转移性支出的差额。转移性收入指国家、单位、社会团体对住户的各种经常性转移支付和住户之间的经常性收入转移，包括养老金或退休金、社会救济和补助、政策性生产补贴、政策性生活补贴、经常性捐赠和赔偿、报销医疗费、住户之间的赡养收入，以及本住户非常住成员寄回带回的收入等。转移性支出指住户对国家、单位、住户或个人的经常性转移支付，包括缴纳的税款、各项社会保障支出、赡养支出、经常性捐赠和赔款支出以及其他经常转移支出。计算公式为：

转移净收入＝转移性收入－转移性支出

第三节　四个方面的区别

本章第一节和第二节分别阐述了资金流量核算中的居民可支配收入和住户调查中的居民可支配收入，本节讨论两者之间的区别。

一　基本用途的区别

资金流量核算中的居民可支配收入与住户调查中的居民可支配收入的基本用途是不同的。前者的基本用途，一是反映整个国民经济在一定时期内经过收入初次分配和再分配之后居民获得的可支配收入总量；二是反映居民可支配收入在国民可支配收入中的份额。后者的基本用途，一是反映居民可支配收入的详细收入来源，包括工资性收入、经营性净收入、财产净收入、转移净收入及其详细构成项目；二是反映不同类型居民群体之间的收入分配差距。

可见，如果分析居民可支配收入的详细来源构成、不同群体之间的居民收入差距，应使用住户调查中的居民可支配收入；而如果分析居民可支配收入总量及其在国民可支配收入中的份额，应使用资金流量核算中的居民可支配收入。

二　口径范围的区别

从公式（17）可以看出，资金流量核算中的居民可支配收入由应收劳动者报酬、营业盈余、财产净收入和经常转移净收入四个项目组成。从公式（18）可以看出，住户调查中的居民可支配收入由工资性收入、经营净收入、财产净收入和转移净收入四个项目组成。资金流量核算中的居民可支配收入的四个构成项目与住户调查中的居民可支配收入的四个构成项目存在一一对应的关系，但在口径上均存在一系列区别。

应收劳动者报酬与工资性收入在口径范围上主要存在以下区别：一是住户调查采用的是收付实现制原则，工资性收入中的工资是在调查期内实际得到的工资，包括补发和预发的工资，不包括调查期内应得但因拖欠等原因未得到的工资；而资金流量核算采用的是权责发生制原则，应收劳动者报酬不包括核算期内补发和预发的工资，包括调查期内应得但因拖欠等原因未得到的工资。二是应收劳动者报酬包括个体经营户的业主及其家庭成员的劳动报酬以及农户户主及其家庭成员的劳动报酬和农户创造的利润；而工资性收入不包括这些收入，在住户调查中，这些收入属于经营净收入。三是应收劳动者报酬包括行政单位职工的离退休金[1]；工资性收入不包括这些收入，在住户调查中，行政单位职工的离退休金包括在转移性收入中。

营业盈余与经营净收入在口径范围上主要存在以下区别。一是住户调查中的经营净收入包括个体经营户的业主及其家庭成员投入劳动应得的报酬和个体经营户创造的利润，也包括农户户主及其家庭成员

---

[1] 大部分行政单位没有为其职工交纳社会保险缴款，其职工基本上是直接从单位领取离退休金，这被视为社会保险缴款中的基本养老保险缴款的替代。

投入劳动应得的报酬和农户创造的利润，而资金流量核算中的营业盈余只包括个体经营户创造的利润[1]。二是资金流量核算中的营业盈余包括住户得到的政策性生产补贴，而住户调查没有把这种补贴作为经营净收入，而是作为转移性收入处理了[2]。

资金流量核算中的财产净收入与住户调查中的财产净收入在口径范围上主要存在以下区别。一是关于"应收"和"实收"的区别。资金流量核算采用的是权责发生制原则，所以它的财产收入是当期应收财产收入，而住户调查采用的是收付实现制原则，所以它的财产性收入是当期实际得到的财产性收入。例如，就居民在银行和非银行金融机构存款获得的利息收入来说，资金流量核算中的居民财产收入记录的是居民的相应存款在当期应得的利息收入，而住户调查中的居民财产性收入记录的是居民的相应存款在当期实际领取的利息收入。

二是关于出租房屋租金净收入处理的区别。在资金流量核算中，出租房屋属于生产活动，从而出租房屋租金净收入，即出租房屋租金收入扣除相关的维护成本之后的净收入属于增加值的构成部分；而在住户调查中，出租房屋租金净收入是作为财产性收入处理的。作为增加值构成部分处理与作为财产性收入处理是完全不同的，因为增加值是新创造的生产成果，而财产性收入是对已有生产成果的分配。如果

---

[1] 这是因为资金流量核算把个体经营户的业主及其家庭成员投入劳动应得的报酬与个体经营户创造的利润进行了划分，把其中劳动应得的报酬划入了劳动者报酬，同时，把农户户主及其家庭成员投入劳动应得的报酬与农户创造的利润全部作为劳动报酬处理了，而住户调查则没有采取这种处理方法。

[2] 见本章第二节转移净收入部分。

把 GDP 比做蛋糕的话，增加值是增大蛋糕，而财产性收入是分蛋糕，不会增大蛋糕。

三是出租其他资产净收入处理的区别。出租其他资产净收入是指住户将除住房之外的其他资产，包括各种有形资产和无形资产（如生产经营用房、机器设备、专利、专有技术等），交由其他机构单位或个人使用而获得的回报扣除相关成本支出后得到的净收入。[1] 在资金流量核算中，与出租房屋一样，出租这些资产也作为生产活动处理，获得的净收入属于增加值；在住户调查中，出租其他资产净收入作为财产性收入处理。

四是关于居民自有住房折算净租金处理的区别。居民自有住房折算净租金是指现住房产权为自有住房（含自建住房、自购商品房、自购房改住房、自购保障性住房、拆迁安置房、继承或获赠住房）的住户为自身消费提供住房服务的折算价值扣除折旧后得到的净租金。[2]

居民自有住房折算净租金的计算公式为：

居民自有住房年度折算净租金＝居民自有住房年度折算租金 − 居民购建房年度分摊成本

居民自有住房年度折算租金依据自有住房的现期市场价值估值和年折旧率进行折算，而购建房年度分摊成本是按照购建房的价值和相应的年折旧率进行计算。[3]

---

[1]　参见国家统计局《国家统计调查制度（2019）》，中国统计出版社，2019，第 1882 页。

[2]　参见国家统计局《国家统计调查制度（2019）》，中国统计出版社，2019，第 1882 页。

[3]　参见国家统计局《国家统计调查制度（2019）》，中国统计出版社，2019，第 1882 和 1887 页。

在住户调查中，自有住房折算净租金是作为财产性收入处理的；在资金流量核算中，并没有作为财产收入处理。实际上，资金流量核算目前还没有对这部分收入进行处理。[1]

资金流量核算中的经常转移净收入与住户调查中的转移净收入[2]在口径范围上主要存在以下区别。一是关于行政单位职工离退休金处理的区别。在住户调查中，行政单位职工的离退休金是作为转移性收入处理的，在资金流量核算中，行政单位职工的离退休金是作为劳动者报酬处理的。二是关于政策性生产补贴处理的区别。在住户调查中，政策性生产补贴是作为转移性收入处理的[3]，而在资金流量核算中，政策性生产补贴是作为营业盈余处理的。

从上述四个方面口径范围的主要区别的阐述中可以看出，有些区别只是导致资金流量核算中的居民可支配收入与住户调查中的居民可支配收入构成项目的差异，并没有导致两者总量产生差异。例如，资金流量核算与住户调查对于行政单位职工离退休金采取了不同的处理

---

[1]　住户调查中的自有住房折算租金是按照自有住房的现期市场价值估值计算的自有住房的折旧，而购建房分摊成本是按照自有住房的购建价格计算的自有住房的折旧，所以自有住房折算净租金是按照两种不同价格计算的自有住房折旧的差额。在现行 GDP 核算中，居民自有住房服务价值是按成本法计算的，即居民自有住房服务价值＝维护修理费＋物业管理费＋居民自有住房折旧。这里的居民自有住房折旧是按照房屋购建值乘以折旧率计算的，城市居民自有住房折旧率为 2%，农村居民自有住房折旧率为 3%。资金流量核算直接采用 GDP 的核算结果。所以，在资金流量核算中，居民自有住房折算净租金实际上没有体现出来。

[2]　根据住户调查的定义，转移净收入实际上是经常转移净收入，参见本章第二节转移净收入部分。

[3]　参见国家统计局《国家统计调查制度（2019）》，中国统计出版社，2019，第 1883 页。

方法，前者作为劳动者报酬处理，后者作为转移性收入处理，两种处理方法的不同只影响两者的构成项目，并不影响两者总量。但是，有些口径范围的区别，既影响资金流量核算中的居民可支配收入和住户调查中的居民可支配收入的构成项目，也影响两者总量。例如，资金流量核算与住户调查对于自有住房折算净租金的处理方法不同，前者没有考虑这个项目，后者将其作为财产性收入处理，处理方法的不同直接影响到两者居民可支配收入总量。

　　资金流量核算中的居民可支配收入与住户调查中的居民可支配收入在上述口径范围上的区别，有的是源于国民经济核算国际标准与住户调查国际标准的区别，例如，资金流量核算与住户调查对于出租房屋净收入处理方法的不同就是如此[1]；有的是源于中国资金流量核算或者住户调查的特殊处理方法，例如，资金流量核算对个体经营户的业主及其家庭成员投入劳动应得的报酬与个体经营户创造的利润进行划分，把前一部分计入劳动者报酬，后一部分计入营业盈余，以及将农户户主及其家庭成员投入劳动应得的报酬与农户创造的利润全部作为劳动报酬处理。

三　资料来源的区别

　　住户调查中的居民可支配收入是利用调查户的收支资料计算出来

---

[1]　参见 United Nations，*Canberra Group Handbook on Household Income Statistics*，Second Edition，2011，2.3.2 Property income。

的。因此调查户的代表性、调查户收支填报的准确性等因素对居民可支配收入具有重要的影响。随着市场经济的发展，住户保护隐私和怕"露富"的意识日益增强，部分高收入住户拒绝接受调查，所以调查户对高收入住户的代表性不够；同时，接受调查的一些住户也存在少报和漏报的现象。因此，住户调查中的居民可支配收入不可避免地存在一定程度的低估。国家统计局利用税收资料进行评估调整，也很难完全调整到位。实际上，住户调查中调查户的配合问题是政府统计的世界性难题。

资金流量核算利用多种资料来源计算居民可支配收入[1]，在很大程度上避免了住户调查对居民可支配收入的低估。例如，资金流量核算利用经济普查资料计算普查年度的劳动者报酬，避免了利用住户调查中的工资性收入计算劳动者报酬对普查年度居民可支配收入的低估；资金流量核算利用银行及相关金融业损益表中的应付存款利息计算居民的存款利息收入，避免了利用住户调查中的居民存款利息收入对居民可支配收入的低估；资金流量核算利用财政决算中的政策性生产补贴资料计算住户享受的政策性生产补贴，避免了利用住户调查资料计算政策性生产补贴对居民可支配收入的低估；资金流量核算利用人力资源和社会保障部、国家卫健委等有关管理部门的社会保险基金支出、城镇居民养老保险基金支出、新型农村合作医疗保险基金支出、新型农村养老保险基金支出等资料计算居民享受的社会保险福利，避免了利用住户调查中的有关转移性收入对居民可支配收入的低估。

---

[1] 参见国家统计局国民经济核算司《中国经济普查年度资金流量表编制方法》，中国统计出版社，2007；国家统计局国民经济核算司：《中国资金流量表编制方法》，2012。

四 数据表现的区别

资金流量核算中的居民可支配收入与住户调查中的居民可支配收入在口径范围、资料来源等方面的区别，必然会导致两者之间数据表现的区别。从表2-1可以看出，2018~2020年，资金流量核算中的居民可支配收入是利用住户调查资料直接推算的居民可支配收入的1.3倍左右。

表2-1 资金流量核算与利用住户调查资料推算的居民可支配收入的比较

年份	资金流量核算中的居民可支配收入（亿元）	利用住户调查资料推算的居民可支配收入（亿元）	资金流量核算中的居民可支配收入与利用住户调查资料推算的居民可支配收入之比
	（1）	（2）	（1）/（2）
2018	543300.9	418347.9	1.30
2019	593712.8	458805.3	1.29
2020	625798.5	482824.7	1.30

注：
①利用住户调查资料推算的居民可支配收入的计算公式如下：
利用住户调查资料推算的居民可支配收入 = 农村居民人均可支配收入 × 农村常住人口 + 城镇居民人均可支配收入 × 城镇常住人口
②2018年、2019年和2020年资金流量核算中的居民可支配收入数据取自国家统计局国家数据中的资金流量表（实物交易）数据；住户调查中的农村居民人均可支配收入和城镇居民人均可支配收入数据取自国家统计局国家数据中的农村居民人均收入情况和城镇居民人均收入情况数据；农村常住人口和城镇常住人口数据取自国家统计局国家数据中的乡村人口和城镇人口数据。
③表中资金流量核算中的居民可支配收入是居民可支配总收入，目前还无法获得其中的居民可支配净收入。不过由于固定资产折旧在居民可支配总收入中占比不大，所以对比较结果虽然有影响，但影响不大。

小　结

本章详细阐述了资金流量核算中的居民可支配收入和住户调查中的居民可支配收入的基本概念及构成，并论述了两者之间的区别。整个国民经济在一定时期内经过收入初次分配和再分配之后形成三大经济主体，即居民、企业和政府的可支配收入，其合计即国民可支配收入。资金流量核算详细描述了这些分配过程和分配结果，资金流量核算中的居民可支配收入就是其中的结果之一，反映的是整个国民经济经过收入分配之后居民获得的收入，它由居民的应收劳动者报酬、营业盈余、财产净收入和经常转移净收入组成。住户调查中的居民可支配收入是通过对抽中的调查户进行收支调查，经过计算得到的居民收入，它由工资性收入、经营净收入、财产净收入和转移净收入组成。

资金流量核算中的居民可支配收入与住户调查中的居民可支配收入在基本用途、口径范围、资料来源和数据表现等方面都存在区别。从基本用途的区别方面看，前者是国民可支配收入的重要组成部分，主要用于反映居民可支配收入总量及其在国民可支配收入中的份额；后者主要反映居民可支配收入的详细收入来源和不同类型居民群体之间的收入分配差距。从口径范围的区别方面看，前者的应收劳动者报酬、营业盈余、财产净收入和经常转移净收入与后者对应的项目，即工资性收入、经营净收入、财产净收入和转移净收入都存在一系列区别。其中一些区别影响的是两者的结构，另一些区别影响的是两者的总量。从资料来源的区别方面看，住户调查中的居民可支配收入主要采用调查户的收支调查资料，而资金流量核算中的居民可支配收入则在各种不同的资料来源中选择质量较好的资料，因而在很大程度上避免了由住户调查中高收入户代表性不够和一些调查户存在少报和漏报的现象所导致的收入低估的问题。从数据表现的区别方面看，资金流量核算中的居民可支配收入明显高于住户调查中的居民可支配收入。

第三章　怎样正确使用政府统计数据

　　政府统计数据是宝贵的经济社会资源，具有重要的经济价值、社会价值和学术研究价值，在经济社会形势分析、政策制定和学术研究方面具有重要的基础性作用。正确地使用政府统计数据有利于客观准确地判断经济社会发展形势，制定出科学合理的经济社会发展政策，得出具有重要的理论和应用价值的学术研究成果；而错误地使用政府统计数据容易导致对经济社会发展形势的误判，制定出不符合实际的经济社会发展政策，得出扭曲的学术研究成果。所以，无论是经济社会形势分析、政策制定，还是学术研究，正确地使用政府统计数据都具有非常重要的意义。

　　如何才能做到正确地使用政府统计数据呢？一是要根据所研究的问题正确地选择政府统计数据，二是要准确地了解政府统计数据的分类标准、调查范围、调查方法和采集方式，三是要准确地理解政府统计指标的口径范围和计算方法，四是要准确地把握政府统计指标的适用范围和相关统计指标之间的关系，五是要准确地掌握政府统计数据存在的问题。

第一节　正确选择政府统计数据的三个原则

在利用政府统计数据研究有关问题时，面临的突出问题是如何选择数据。正确地选择数据会少走弯路，节省时间和精力，有利于得出科学合理的研究成果；相反，错误地选择数据，就会多走弯路，浪费时间和精力，甚至会得出违背实际情况的研究结果。所以，根据研究问题的需要正确地选择政府统计数据是非常重要的。

一　代表性

在利用政府统计数据研究有关问题时，要选择在相应领域具有代表性的数据，这样得出的研究结果才能更加切合实际。例如，在研究经济增长问题时，要选择国内生产总值（GDP）增长率数据，因为该数据对于经济增长具有代表性；在研究产业结构问题时，要选择各产业增加值占 GDP 比重数据，因为该数据对于产业结构具有代表性；在研究需求结构问题时，要选择消费需求、投资需求和净出口需求占支出法 GDP 比重数据，因为该数据对于需求结构具有代表性；在研究宏观收入分配问题时，要选择资金流量核算数据，因为该数据对于宏观收入分配具有代表性；在研究居民收入分配差距问题时，要选择住户收支调查数据，因为该数据对于居民收入分配差距具有代表性；在研究规模以上工业企业效益问题时，要选择规模以上工业企业财务状况统计数据，因为该数据对于规模以上工业企业效益具有代表性；在研究人口问题时，要选择人口普查数据或人口抽样调查数据，因为该数据对人口问题具有代表性。

二　质量好

有些政府统计指标存在不同的数据来源，这些不同来源的数据之间往往存在差距，甚至具有较大的差距。那么，在利用这些统计指标研究有关问题时，如何在不同来源的数据之间进行选择呢？一个基本原则是，选择质量较好的统计数据。例如，中国粮食产量统计指标存在不同的数据来源，其中包括国家统计局系统通过抽样调查方法获取的数据和有关部门通过逐级汇总的方法获取的数据。国家统计局系统的粮食产量抽样调查方法比较科学，样本具有较强的代表性，通过长期的实践检验，数据质量较好。所以，在利用粮食产量统计指标研究有关问题时，应当选择上述抽样调查数据。

三　一致性

在利用政府统计数据研究有关问题时，人们会发现有些数据之间存在矛盾。在这种情况下，要尽可能选择其中具有一致性的数据，避免选择相互矛盾的数据，以免那些相互矛盾的数据给研究工作造成困难和给研究结果带来不确定性。

比如在研究不同国家之间的货物和服务进出口问题时，面临的一个矛盾现象是，一个国家对另一个国家的出口数据与另一个国家从这个国家的进口数据之间存在差别，甚至是明显的差别。例如，中国对美国的出口数据与美国从中国的进口数据之间就存在明显的差别。在这种情况下采取什么样的办法来解决不同国家进出口数据之间的矛盾呢？一个可供选择的办法是，对于每一个国家来说都选择出口数据，而不选择进口数据。这样就避开了一个国家对另一个国家的出口数据与另一个国家从这个国家的进口数据之间存在差别的问题。

第二节　分类标准、调查范围、调查方法、采集方式

政府统计调查制度对政府统计数据的分类标准、调查范围、调查方法和采集方式一般都做出明确的规定，这些规定往往会随着经济社会发展实际情况的变化而发生变化，在使用政府统计数据研究有关问题时，准确地了解这些规定及其变化是非常必要的。

一　准确了解政府统计数据的分类标准

分类是政府统计数据最基本的属性。每个领域统计数据都有相应的分类标准，在使用统计数据研究有关问题时，一般也都是在某种分类标准的基础上使用统计数据。所以准确地了解相应的分类标准是非常必要的。

在使用政府统计数据时，首先要考虑所研究的问题适合采用什么样分类的统计数据，要把相应的分类标准了解清楚，包括分类的目的、原则、方法、分类的层级和详细程度。然后要考虑所研究的问题适合采用什么样层次的分类数据，分类越细所涉及的工作量可能越大，越粗则工作量可能越小。但分类太粗可能满足不了研究问题的需要，所以选择的分类层次要适当。还要考虑所使用的分类标准历史上是否发生过变化以及发生过什么样的变化，如何调整才能避免分类标准的变化所产生的数据可比性问题给研究结果带来的影响。

中国政府统计的分类标准包括国家统计分类标准和部门统计分类标准。国家统计分类标准由国家统计局制定，或者由国家统计局与国务院标准化管理部门共同制定。部门统计分类标准由国务院有关部门制定，报国家统计局审批。到目前为止，已经制定出一系列国家统计分类标准，其中比较重要的有：国民经济行业分类标准、三次产业划分标准、产品分类标准、居民消费支出分类标准、城乡划分标准、企业登记注册类型划分标准、大中小微型企业划分标准等。这些统计分类标准，在利用统计数据研究有关问题时具有基础性作用。

历史上，许多统计分类标准都随着经济社会发展情况的变化和相应国际分类标准的变化而发生过变化。在使用统计数据研究有关问题时，准确地了解相应的分类标准的变化是非常重要的。不能准确地了解这些变化，就可能会因为历史数据分类的不一致性而得出错误的研究结论。我们以国民经济行业分类标准为例说明历史上统计分类标准的变化情况。

国民经济行业分类标准是针对经济活动制定的分类标准。它适用于针对经济活动开展的各种类型统计调查。中国第一部国民经济行业分类国家标准是由国家统计局和原国家标准局联合制定、1984 年 12 月 1 日发布的《国民经济行业分类与代码》（GB/T4754—84）[1]。1994 年，国家统计局与原国家技术监督局共同对该标准进行了第一次修订，形成了第二部国家标准《国民经济行业分类与代码》（GB/T4754—94）。[2] 2002 年，国家统计局对该标准进行了第二次修订，形成了第三部国家标准《国民经济行业分类》（GB/T4754—2002）。[3] 2011 年，国家统计局对该标准进行了第三次修订，形成了第四部国家标准《国民经济行业分类》（GB/T4754—2011）。[4] 2017 年，国家统计局对该标准进行了第四次修订，形成了第五部国家标准《国民经济行业分类》（GB/T4754—2017）[5]。表 3–1 描述了上述五套国家标准中不同类别的数量变化。

---

[1]　中国第一部国民经济行业分类国家标准《国民经济行业分类与代码》（GB/T4754—84）由国家统计局和原国家标准局联合制定，由原国家计划委员会、原国家经济委员会、国家统计局、原国家标准局批准，于 1984 年 12 月 1 日发布，1985 年 1 月 1 日实施。

[2]　中国第二部国民经济行业分类国家标准《国民经济行业分类与代码》（GB/T4754—94）由国家统计局与原国家技术监督局联合制定，由原国家技术监督局于 1994 年 8 月 13 日发布，1995 年 4 月 1 日实施。

[3]　中国第三部国民经济行业分类国家标准《国民经济行业分类》（GB/T4754—2002）由国家统计局制定，由中华人民共和国国家质量监督检验检疫总局于 2002 年 5 月 10 日发布，2002 年 10 月 1 日实施。

[4]　中国第四部国民经济行业分类国家标准《国民经济行业分类》（GB/T4754—2011），由国家统计局制定，由中华人民共和国国家质量监督检验检疫总局、中国国家标准化管理委员会于 2011 年 4 月 29 日发布，2011 年 11 月 1 日实施。

[5]　中国第五部国民经济行业分类国家标准《国民经济行业分类》（GB/T4754—2017），由国家统计局制定，由中华人民共和国国家质量监督检验检疫总局、中国国家标准化管理委员会于 2017 年 6 月 30 日发布，2017 年 10 月 1 日实施。

表3-1　国民经济行业分类标准中不同类别的数量变化

版本	门类	大类	中类	小类
第一部（1984年）	13	84	320	667
第二部（1994年）	16	92	368	846
第三部（2002年）	20	95	396	913
第四部（2011年）	20	96	432	1094
第五部（2017年）	20	97	473	1382

从表3-1可以看出，国民经济行业分类五部国家标准中的大类、中类、小类的数量都是不同的，尤其以小类的数量变化最为明显。第四部国家标准中的门类数量虽然与第三部国家标准相同，但门类之间也做了调整，例如，把包含在原制造业中的汽车修理部分和包含在原信息传输、计算机服务和软件业中的计算机维修部分调整到原居民服务和其他服务业中，形成新的门类，即居民服务、修理和其他服务业；把包含在原卫生、社会保障和社会福利中的社会保障部分调整到原公共管理和社会组织中，分别形成卫生和社会工作以及公共管理、社会保障和社会组织两个新的门类。

第四部国家标准对第三部国家标准中的大类主要做了四个方面调整：一是增加了3个大类，包括开采辅助活动，金属制品、机械和设备修理业，机动车、电子产品和日用产品修理业；二是对3个大类进行了分解，例如把原交通运输设备制造业分解为汽车制造业和铁路、船舶、航空航天和其他运输设备制造业；三是对8个大类进行了合并，例如，把原橡胶制品业和原塑料制品业合并为橡胶和塑料制品业，把原建筑装饰业和原其他建筑业合并为建筑装饰和其他建筑业；四是对部分大类进行了调整和补充，例如把原仪器仪表及文化、办公用机械制造业中的文化、办公用机械制造调整到原通用设备制造业，形成仪器仪表制造业和新的通用设备制造业。[1]第四部国家标准对第三部国家标准中的中类和小类调整的幅度更大。在利用行业分类历史统计数据研究有关问题时，必须注意上述国民经济行业分类标准的变化对行业分类历史数据的可比性带来的影响。

二　准确了解政府统计数据的调查范围

每个领域的统计数据都有规定的调查范围，在使用任何领域统计数据时都需要了解其调查范围。要研究统计数据的调查范围与自己所研究问题的范围是否吻合，如果不吻合的话，要么根据统计数据的调查范围调整自己所研究问题的范围，要么根据所研究问题的范围拓展或者收缩所使用的统计数据的范围，要么论证虽然所使用的统计数据的范围与所研究问题的范围不一致，但得出的研究结论完全适用于所研究问题的范围，即所使用的统计数据对所研究问题具有足够的代表性。这样，就会避免出现统计数据的调查范围与所研究问题的范围不匹配的现象，避免研究结果出现硬伤。

例如，如果所研究的问题针对的是全部工业行业，但所使用的统计数据是规模以上工业企业调查数据，必须谨慎对待所得出的结论，

[1]　参见许宪春《关于第三次经济普查年度中国国内生产总值核算的修订》，《比较》2015年第2期。

因为规模以上工业企业调查数据对于规模以下工业企业和工业个体经营户不一定具有代表性。在这种情况下，要么把所研究问题的范围调整到规模以上工业企业，也就是在规模以上工业企业的范围探讨所要研究的问题；要么扩大统计数据的范围，即除了规模以上工业企业调查数据外，还要利用规模以下工业企业和工业个体经营户调查数据；要么就要论证对于所研究的问题来说，从规模以上工业企业调查数据得出的研究结论对规模以下工业企业和工业个体经营户来说是完全适用的。

这是一个值得高度重视的问题，因为根据目前的统计调查制度，国家统计局把大部分行业统计都划分为两大部分，例如，把工业统计划分为规模以上工业统计和规模以下工业统计，规模以上工业指的是年主营业务收入2000万元及以上的工业企业，规模以下工业指的是年主营业务收入2000万元以下的工业企业和工业个体经营户；把建筑业统计划分为有资质的建筑业统计和没有资质的建筑业统计，有资质的建筑业指的是有总承包、专业承包和劳务分包资质的建筑业企业，没有资质的建筑业指的是没有总承包、专业承包和劳务分包资质的建筑业企业和建筑业个体经营户；把批发和零售业统计划分为限额以上批发和零售业统计与限额以下批发和零售业统计，限额以上批发和零售业指的是年主营业务收入2000万元及以上的批发业、年主营业务收入500万元及以上的零售业企业，限额以下批发和零售业指的是年主营业务收入2000万元以下的批发业、年主营业务收入500万元以下的零售业企业，以及批发和零售业个体经营户；把住宿和餐饮业统计划分为限额以上住宿和餐饮业统计与限额以下住宿和餐饮业统计，限额以上住宿和餐饮业指的是年主营业务收入 200 万元及以上的住宿和餐饮业企业，限额以下住宿和餐饮业指的是年主营业务收入 200 万元以下的住宿和餐饮业企业以及住宿和餐饮业个体经营户；把其他服务业统计划分为规模以上服务业统计和规模以下服务业统计，规模以上服务业指的是交通运输、仓储和邮政业，信息传输、软件和信息技术服务业，租赁和商务服务业，科学研究和技术服务业，水利、环境和公共设施管理业，教育，卫生和社会工作，以及物业管理、房地产中介服务、房地产租赁经营和其他房地产业等行业中年营业收入 1000 万元及以上，或年末从业人员 50 人及以上服务业企业，居民服务、修理和其他服务业，文化、体育和娱乐业中年营业收入 500 万元及以上，或年末从业人员 50 人及以上服务业企业；规模以下服务业指的是交通运输、仓储和邮政业，信息传输、软件和信息技术服务业，租赁和商务服务业，科学研究和技术服务业，水利、环境和公共设施管理业，教育，卫生和社会工作，以及物业管理、房地产中介服务、房地产租赁经营和其他房地产业等行业中年营业收入在 1000 万元以下，且年末从业人员 50 人以下的服务业企业，居民服务、修理和其他服务业，文化、体育和娱乐业中年营业收入 500 万元以下，且年末从业人员 50 人以下的服务业企业，以及上述行业中的个体经营户。[1]

历史上，许多领域统计数据的调查范围都随着经济社会发展实际情况的变化而发生过变化，了解这些变化对于正确地使用统计数据、得出合理的研究结果非常重要。以工业统计中的规模以上工业和规模

---

[1]　参见国家统计局《国家统计调查制度2016》，中国统计出版社，2016，第8页。

以下工业统计调查范围的变化为例，1998 年，国家统计局将全部工业统计调查单位划分为规模以上工业和规模以下工业两大部分，规模以上工业包括全部国有工业企业和年产品销售收入 500 万元及以上的非国有工业企业；规模以下工业包括年产品销售收入 500 万元以下的非国有工业企业和工业个体经营户；2006 年，国家统计局将规模以上工业统计调查范围修订为年主营业务收入 500 万元及以上的工业企业，规模以下工业为年主营业务收入 500 万元以下的工业企业和工业个体经营户；2010 年，国家统计局将规模以上工业统计调查范围修订为年主营业务收入 2000 万元及以上的工业企业，规模以下工业为年主营业务收入 2000 万元以下的工业企业和工业个体经营户。

三　准确了解政府统计数据的调查方法

目前，中国政府统计数据主要是通过普查、全面调查和抽样调查方法获得的。在使用政府统计数据研究有关问题时，准确地了解相应的统计数据是采用什么调查方法获得的是非常重要的，因为每种调查方法获得的统计数据都有其特点。

普查是对普查范围内所有调查对象逐一进行调查，它采用的是全面调查的方法。21 世纪初，中国政府统计把普查规范为经济普查、农业普查和人口普查，经济普查每 10 年进行两次，在逢 3、8 的年度实施；农业普查每 10 年进行一次，在逢 6 的年度实施；人口普查每 10 年进行一次，在逢 0 的年度实施。[1]

全面调查就是对调查总体中的所有调查对象逐一进行调查。目前，中国政府统计在常规年度的规模以上工业企业、有资质的建筑业企业、限额以上批发和零售业企业、限额以上住宿和餐饮业企业、房地产开发经营业企业、规模以上服务业企业的生产经营调查和财务状况调查等采用全面调查的方法。

目前，中国政府统计在人口变动调查、劳动力调查、住户调查、价格调查、农产品产量调查、规模以下经济（包括规模以下工业、没有资质的建筑业、限额以下批发和零售业、限额以下住宿和餐饮业、规模以下服务业）调查等统计调查领域采用抽样调查方法。

在中国政府统计中，普查是基础。由于普查动员了更多的人力物力和财力，对基本单位进行比较彻底的清查，所以普查年度的基本单位名录库是最完整的，常规年度的全面调查所使用的名录库和抽样调查所使用的抽样框，都是在普查年度名录库的基础上经过补充和调整建立起来的。但是，受人力物力和财力的限制以及基本单位变化迅速等因素的影响，这种补充和调整很难做到完整及时，所以常规年度的全面调查和抽样调查数据与普查数据往往存在一定的差距。

抽样调查往往是针对一项或几项统计指标"要在一定范围内具有代表性"的要求抽选样本。因此在使用抽样调查数据时，需要准确地了解相应的抽样调查是针对什么指标在什么范围内具有代表性。例

---

[1] 参见国家统计局、国家发展改革委、财政部《关于调整国家普查项目和周期安排的通知》，2003 年 8 月 11 日。

如，2015 年 7 月开始组织实施的全国月度劳动力调查，涵盖城乡，覆盖全国各地级市的 12 万多户样本，能够满足调查失业率等主要劳动力指标数据对国家代表性的要求，同时对分省区市、分城乡也具有较好的代表性，但对于地级市的代表性就不够。

准确地了解每种调查方法获得的统计数据的特点，对于正确地使用统计数据具有非常大的帮助。例如，准确地了解抽样调查方法获得的统计数据的特点，就可以避免利用不具有代表性的样本数据推算有关总体数据。

四　准确了解政府统计数据的采集方式

近些年，随着信息技术的发展和统计系统信息化程度的提升，国家统计局系统采集基础数据的方式发生了重大变化。

国家统计局系统采集基础数据的方式大体可以分为两大类：一类是由调查对象填报的方式，另一类是由调查员采集的方式。由调查对象填报的方式包括两种形式：一种是联网直报，另一种纸介质填报。联网直报就是国家统计局通过互联网将统计调查表推送给调查对象，调查对象在网上填报调查表，并直接发送到国家统计局。纸介质填报就是国家统计局通过基层统计机构将纸介质统计调查表发给调查对象，调查对象填好后报送给基层统计机构，由基层统计机构审核录入后逐级报送给国家统计局。由调查员采集基础数据的方式也包括两种形式：一种是利用手持电子终端采集数据，即调查员将调查的基础数据直接录入电子终端，并传输到国家统计局。另一种是利用纸介质调查表采集数据，即调查员将调查的基础数据填入纸介质调查表并报送给基层统计机构，由基层统计机构审核录入后逐级传送给国家统计局。

目前，由调查对象填报基础数据的方式正在逐步采用联网直报的方式。例如从 2012 年起，规模以上工业企业、有资质的建筑业企业、限额以上批发和零售业企业、限额以上住宿和餐饮业企业、房地产开发经营业企业的生产经营和财务状况等方面的调查采取联网直报的方式；从 2013 年起，规模以上服务业企业财务状况等方面的调查采取联网直报的方式；规模以下小企业抽样调查也正在逐步采用联网直报的方式。由调查员采集基础数据的方式也逐步采取手持电子终端的采集方式，例如，居民消费价格基础数据的采集就是采取这种方式。

上述数据采集方式的变化不仅提高了基础数据采集工作的效率，更主要的是提高了基础数据的质量。这是因为，一方面，无论是由调查对象采取联网直报的填报方式，还是由调查员采取手持电子终端的采集方式，都减少了基层统计机构录入基础数据的环节，从而减轻了基层统计机构大量的录入工作量，也避免了这一环节可能出现的差错；另一方面，这两种方式都直接将基础数据传输到国家统计局，从而减少了层层报送环节，也避免了中间环节对基础数据可能带来的干扰。了解这一点可以对各种不同方式采集的数据的质量有一定的把握，这对于使用政府统计数据研究有关问题来说也是很重要的。

第三节　口径范围和计算方法

每项政府统计指标都有规定的口径范围和计算方法。准确地理解这些统计指标的口径范围和计算方法对于正确地使用政府统计数据、取得有价值的研究成果特别重要。有的研究人员在使用政府统计数据研究有关问题时得出了错误的结论，就是因为对相应统计指标的口径范围和计算方法缺乏准确的理解。下面利用两个实例来说明准确理解政府统计指标的口径范围和计算方法的重要性。

一　准确理解政府统计指标口径范围的重要性

有的学者在进行收入分配国际比较时，将中国的劳动者报酬占国民总收入的比重与某些发达国家的雇员报酬占国民总收入的比重进行比较，得出中国的劳动者报酬占比不比某些发达国家低的结论。这就是没有弄清楚中国的劳动者报酬与某些发达国家的雇员报酬在口径范围上的区别。

国民经济核算国际标准《国民账户体系（2008）》（2008 年 SNA）把从事生产活动的劳动者区分为雇员和自雇者。针对雇员设置了劳动回报指标，即雇员报酬；针对自雇者没有设置相应的劳动回报指标，而是就住户拥有的非法人企业[1]设置了混合收入指标，包含住户拥有的非法人企业的所有者及其家庭成员在非法人企业所做工作的

---

[1]　2008 年 SNA 所说的"住户拥有的非法人企业"就是中国的个体经营户和农户。

回报，即劳动报酬，以及这些非法人企业创造的营业盈余两部分内容。所以，2008 年 SNA 并没有给出一个针对所有劳动者的劳动回报指标。发达国家按照 2008 年 SNA 的建议，针对雇员设置了雇员报酬指标；针对住户拥有的非法人企业，设置了混合收入指标。与 2008 年 SNA 不同，中国国民经济核算把个体经营户的混合收入区分为两部分，其中一部分计入劳动者报酬，另一部分计入营业盈余；把农户的混合收入全部计入劳动者报酬。[1] 因此，中国国民经济核算针对所有劳动者设置了劳动回报指标，即劳动者报酬 [2]，它等于 2008 年 SNA 中的雇员报酬、个体经营户混合收入中包含的劳动报酬与农户的混合收入之和。

可见，在进行收入分配国际比较研究时，需要准确地理解中国国民经济核算中的劳动者报酬与 2008 年 SNA 中的雇员报酬在口径范围上的区别，否则就会得出错误的结论。

二　准确理解政府统计指标计算方法的重要性

2015 年 7 月 15 日，英国《经济学人》杂志发表了《是否应该相信中国经济数据》一文。该文指出，中国发布的 2015 年第一季度经济同比实际增长 7%，这与 5.8% 的名义增长不相符，较高的实际增长的唯一解释就是 GDP 缩减指数下降 1.1%，而这意味着经济普遍通缩，

[1]　参见许宪春《当前我国收入分配研究中的若干问题》，《比较》2011 年第 6 期。

[2]　参见国家统计局《中国国民经济核算体系（2002）》，中国统计出版社，2003，第 61 页。

与同期居民消费价格指数上涨 1.2% 相矛盾。

那么，中国 2015 年第一季度 GDP 缩减指数下降 1.1% 与同期居民消费价格指数上涨 1.2% 是否存在矛盾？实际上是不矛盾的。根据本书第一章第三节不变价核算部分，中国不变价 GDP 生产核算采用了多种价格指数，其中包括农产品生产价格指数、工业生产者出厂价格指数、建筑安装工程价格指数、商品零售价格指数、居民消费价格指数中的服务项目价格指数等。2015 年第一季度，农产品生产价格指数同比下降 0.7%，工业生产者出厂价格指数同比下降 4.6%，建筑安装工程价格指数同比下降 1.4%，商品零售价格指数同比下降 0.2%，居民消费价格指数中的服务项目价格指数同比上涨 1.9%，而 GDP 缩减指数下降 1.1%，位于上述价格变动幅度之间，属于正常情况，与同期居民消费价格指数上涨 1.2% 并不矛盾。[1]

那么，为什么会产生这种质疑呢？原因在于作者不了解国际上不变价 GDP 核算的基本计算方法，也不了解中国不变价 GDP 核算的具体计算方法。

三 准确了解政府统计指标口径范围和计算方法的变化

中国政府统计中许多指标的口径范围和计算方法都曾经发生过变化。在利用政府统计数据研究有关问题时，准确地了解统计指标口径

---

[1] 详细分析参见许宪春《关于中国经济增长速度的质疑与解答》，《经济学报》2015 年 12 月。

范围和计算方法的变化也是非常重要的，因为这些变化有可能对研究结果产生影响，了解这些变化，有利于采取必要的措施，克服甚至避免对研究结果产生的影响。

在中国收入法 GDP 核算实践中，劳动者报酬的口径范围就发生过变化，具体表现在对个体经营户的劳动者报酬口径范围进行过两次修订。第一次修订是在 2004 年，即第一次经济普查年度。此前，个体经营户的混合收入是作为劳动报酬处理的，这次修订把个体经营户的混合收入作为营业盈余处理，只把个体经营户的雇员报酬作为劳动者报酬处理。第二次修订是在 2008 年，即第二次经济普查年度。这次修订把个体经营户的混合收入区分为劳动者报酬和营业盈余两部分，同时，对 2004~2007 年的历史数据做了统一口径修订。[1] 2008 年以来，个体经营户的劳动者报酬一直采用的是第二次修订的口径。所以，2004 年以来全国历年收入法 GDP 和分行业收入法增加值中的劳动者报酬数据是可比的。但是，2004 年以前与 2004 年以后的全国收入法 GDP 和分行业收入法增加值中的劳动者报酬数据具有一定程度的不可比性，2004 年以前，个体经营户的混合收入全部作为劳动者报酬处理；2004 年以后，个体经营户的混合收入则被区分为劳动者报酬和营业盈余两部分。

在实践中，中国 GDP 核算方法也进行过多次修订。例如，2016 年，国家统计局按照 2008 年 SNA 的建议，把研究与开发支出从中间投入

---

[1]　具体修订方法和修订原因参见许宪春《当前我国收入分配研究中的若干问题》，《比较》2011 年第 6 期。

调整为固定资本形成，计入 GDP，当年 7 月 5 日发布了历史数据修订结果。

第四节　相关统计指标之间的关系

在研究有关问题时，由于种种原因，有时无法获得所需要统计指标的数据，经常采取的做法是，利用与之相关的能够获得数据的统计指标对所需要的统计指标进行判断。在这种情况下，准确地把握相关统计指标之间的关系就特别重要，否则有可能得出错误的结论。下面利用一个实例来说明准确地把握政府统计相关指标之间的关系的重要性。

海关统计的货物贸易差额与支出法 GDP 中的货物和服务净出口是一对相关指标。由于我国尚未正式公布季度支出法 GDP 数据，而海关总署每月都会按时公布货物贸易差额数据，可获得性强，所以在季度经济形势分析时，海关统计的货物贸易差额增速经常被用来判断支出法 GDP 中的货物和服务净出口增速。但是，由于这两个统计指标之间存在明显的区别 [1]，有时会导致判断上的错误。2017 年第一季度是一个典型的例子。

2017 年第一季度，海关统计的货物出口同比增长 14.8%，货物进口同比增长 31.1%，由于货物进口增速远大于货物出口增速，导致货

---

[1]　参见许宪春《中国国民经济核算中的若干重要指标与有关统计指标之间的比较》，《世界经济》2014 年第 3 期。

物贸易差额同比下降35.5%。2017年第一季度，货物出口价格同比上涨5.4%，而货物进口价格同比上涨14.4%，货物进口价格涨幅明显大于货物出口价格涨幅，从而剔除价格因素的货物和服务净出口转为增长，货物和服务净出口增速与货物贸易差额增速出现了完全相反的走势。

这个例子说明如果不能准确地把握相关统计指标之间的关系，在利用一个指标判断另一个指标时，很有可能得出完全错误的结论。

第五节　统计数据存在的问题

受多种因素的影响，任何形式的统计数据都不可能是完美的，有的统计数据存在覆盖范围不够的问题，有的统计数据存在代表性不足的问题，有的统计数据存在高估或低估的问题，准确地掌握政府统计数据存在的问题，有利于正确地使用它，克服它的缺陷和不足，取得符合实际的有价值的研究成果。下面举两个例子，一个是住户调查中的居民收入和居民消费支出数据存在的问题，一个是投资统计中的全社会固定资产投资数据存在的问题。

住户调查中的居民收入和居民消费支出数据存在一定程度的低估。[1] 主要原因是：随着经济的迅速发展，居民收入水平不断提高，居民收入差距也在扩大，住户保护隐私和怕"露富"的意识日益增

---

[1]　参见许宪春《准确理解中国的收入、消费和投资》,《中国社会科学》2013年第2期。

强，部分高收入户拒绝接受调查，同时，接受调查的住户也存在少报和漏报的倾向。前者导致住户调查样本对高收入户的代表性不足，国家统计局根据税收资料对住户调查中高收入户的居民收入数据进行了调整，但很难完全调整到位；后者导致住户调查中的中低收入样本户的居民收入和居民消费支出偏低。上述两大因素决定了住户调查中的居民收入和居民消费支出数据存在一定程度的低估。事实上，高收入户配合程度低、接受调查的住户存在少报和漏报的现象不仅是中国政府统计面临的一大难题，也是政府统计的世界性难题。准确地掌握住户调查中的居民收入和居民消费支出数据存在的上述问题，有利于在使用这些数据开展研究时考虑并采取必要的手段克服这些问题的影响，使研究结果更加科学合理。

投资统计中的全社会固定资产投资数据存在一定程度的高估。[1]主要原因如下。一是一些地区制定不切实际的投资计划目标，并作为考核指标层层分解。各地区为了保持较快的经济增长速度，一般都制定经济增长目标，而固定资产投资是实现经济增长目标的重要抓手，因此各地区一般都制定投资计划目标。有的地区制定的投资计划目标不符合实际，但却作为考核指标层层分解，实现不了目标时，往往采取不正当手段干预数据，这是导致全社会固定资产投资数据系统性偏高的主要因素。二是固定资产投资项目变动快，调查难度大。与生产经营和财务状况统计主要以企业为调查对象，居民收支统计以住户为调查对象不同，投资统计主要以项目为调查对象。企业和住户相对稳

---

[1] 参见许宪春《准确理解中国的收入、消费和投资》，《中国社会科学》2013 年第 2 期。

定，而固定资产投资项目变动较快，从而调查难度较大。三是固定资产投资统计调查制度存在不足，存在人为判断因素。由于许多固定资产投资项目建设周期长，统计调查制度规定，固定资产投资按当期完成的工作量统计，即采用所谓的"实物工作量法"或"形象进度法"进行统计，这要求根据固定资产投资项目进展情况进行判断。这种统计调查制度也为一些地方采取不正当手段干预全社会固定资产投资统计数据提供了机会。准确地掌握全社会固定资产投资统计数据存在的上述问题，有利于在使用这些数据开展研究时考虑并采取必要的手段克服这些问题的影响，使研究结果更加科学合理。

第 二 篇

质疑解析篇

第四章　三个典型质疑与解析

由于种种原因，中国政府统计数据，特别是国内生产总值（GDP）数据和居民可支配收入数据，经常受到质疑。本章对其中三个典型质疑案例进行梳理，对有关常用专业和部门统计指标与国民经济核算中的最终需求和居民可支配收入指标之间的区别进行系统阐述，在此基础上对这些质疑案例给予解答。

第一节　国民经济核算与专业和部门统计数据的三大反差

一　货物贸易顺差和存货大幅上升，货物和服务净出口、存货变动对经济增长形成负拉动？

质疑之一：2009 年第一季度货物贸易顺差和产成品资金均

保持两位数增长，很难相信净出口和存货变动对经济增长形成负拉动。

国家统计局发布的数据表明，国际金融危机对 2009 年第一季度中国经济增长造成较大冲击，经济增速下滑到 6.1%[1]，这是亚洲金融危机之后中国季度经济增速的最低值。其中，货物和服务净出口以及存货变动都对经济增长形成了负拉动。

针对国家统计局发布的数据，一位知名学者指出：2009 年第一季度货物贸易顺差增幅达到 50% 以上，对 GDP 是一个强有力的拉动，在这种情况下，似乎很难相信服务贸易在第一季度出现巨幅逆差，以至于彻底抵消了货物贸易顺差的拉动作用，造成整个净出口对经济增长形成负拉动；国家统计局公布的 2 月末工业产成品资金同比增长 11.7%，财政部统计的国有企业产成品资金增幅也在两位数，似乎很难相信全社会存货出现巨幅下降，以至于对经济增长形成负拉动。

对于这项质疑，首先需要明确统计指标的口径：一是质疑者讲的货物贸易顺差指的是海关统计的货物贸易差额，即海关统计的货物出口与进口的差额，而净出口指的是支出法 GDP 的构成项目，即货物和服务出口与货物和服务进口的差额；二是质疑者讲的产成品资金即产成品存货，它是一个存量指标，是资产的构成项目，而存货变动是一个流量指标，它是支出法 GDP 的构成项目。

其次需要明确所要回答的问题：一是海关统计的货物贸易差额与

---

[1] 这是当时的初步核算数，最终核实数为 6.4%。

支出法 GDP 中的货物和服务净出口之间存在什么区别？在货物贸易顺差大幅增长的情况下，货物和服务净出口会不会下降，从而对经济增长形成负拉动？二是存货与存货变动之间存在什么区别？在存货增长的情况下，存货变动有没有可能下降，从而对经济增长形成负拉动？

二　社会消费品零售总额增速上升，消费贡献率反而下降？

质疑之二：2012 年上半年社会消费品零售总额实际增速比第一季度上升，消费贡献率却明显下降，难以自圆其说。

国家统计局发布的数据显示，2012 年上半年，社会消费品零售总额同比名义增长 14.4%，实际增长 11.2%，名义增速比第一季度回落 0.4 个百分点，实际增速比第一季度上升 0.3 个百分点；消费贡献率为 60.8%，比第一季度回落 17.8 个百分点。

针对国家统计局发布的上述数据，2012 年 7 月一位知名经济学家撰文指出，2012 年上半年社会消费品零售总额实际增速高于第一季度，而消费贡献率却明显下降，难以自圆其说。

对于这项质疑，首先需要明确统计指标的口径，社会消费品零售总额是国内贸易统计的重要指标，反映消费品市场零售情况，消费贡献率是支出法 GDP 的构成指标最终消费支出对经济增长的贡献率。

其次，需要明确所要回答的问题：社会消费品零售总额与支出法 GDP 中的最终消费支出之间存在什么区别？在社会消费品零售总额实际增速上升的情况下，消费贡献率会不会明显下降？

三 收入和消费低估、投资高估，中国经济结构被扭曲？

质疑之三：住户调查中的居民收入和居民消费支出数据被低估，投资统计中的全社会固定资产投资数据被高估，导致对中国经济结构的重大误判。

2012 年上半年，一位知名证券公司经济学家撰文指出，中国住户调查中的居民收入和居民消费支出数据被低估，中国的固定资产投资统计数据被高估，从而导致对中国经济结构的重大误判。

对于这项质疑，首先需要明确质疑者所说的统计数据和经济结构：该文所说的被低估的居民收入和居民消费支出统计数据指的是住户调查中的居民收入和居民消费支出数据，被高估的固定资产投资统计数据指的是投资统计中的全社会固定资产投资数据；该文所说的中国经济结构指的是需求结构和国民收入分配结构，前者即消费需求、投资需求和净出口需求占最终需求的比重，后者即国民可支配收入在居民、企业、政府三者之间的分配结构。

其次，需要明确所要回答的问题包括三个方面。第一个方面问题是：住户调查中的居民收入和居民消费支出数据是否存在低估？投资统计中的全社会固定资产投资数据是否存在高估？

关于这个方面问题的回答是：质疑者提出的问题在一定程度上是存在的，即住户调查中的居民收入和居民消费支出数据存在一定程度的低估，全社会固定资产投资数据存在一定程度的高估。

那么，住户调查中的居民收入和居民消费支出数据存在一定程度的低估，全社会固定资产投资数据存在一定程度的高估，是不是必然导致对需求结构和国民收入分配结构的重大误判呢？这就需要回答第二个方面的问题：一是住户调查中的居民消费支出是不是反映居民消费需求的指标？二是投资统计中的全社会固定资产投资是不是反映固定资本投资需求的指标？三是住户调查中的居民收入是不是国民可支配收入的构成指标？

国际上通用的反映最终需求的指标是支出法 GDP：

支出法 GDP＝消费需求＋投资需求＋净出口需求

在支出法 GDP 核算中，消费需求称为最终消费支出，包括居民消费支出和政府消费支出；投资需求称为资本形成总额，包括固定资本形成总额和存货变动；净出口需求称为货物和服务净出口，即货物和服务出口减去货物和服务进口的差额。

因此，支出法 GDP 中的居民消费支出和固定资本形成总额才是反映居民消费需求和固定资本投资需求的指标，住户调查中的居民消费支出和投资统计中的全社会固定资产投资不是反映居民消费需求和固定资本投资需求的指标。这意味着，住户调查中的居民消费支出数据被低估和投资统计中的全社会固定资产投资数据被高估并不一定导致需求结构的误判。

正如本书第二章所阐述的，在中国，国民收入分配是通过资金流量核算来反映的。在资金流量核算中：

国民可支配收入＝居民可支配收入＋企业可支配收入＋政府可支配收入

因此，资金流量核算中的居民可支配收入才是国民可支配收入的构成指标，住户调查中的居民可支配收入不是国民可支配收入的构成指标。这意味着，住户调查中的居民可支配收入数据被低估并不一定导致国民收入分配结构的误判。

接下来要回答的第三个方面问题：一是住户调查中的居民消费支出与支出法 GDP 中的居民消费支出之间存在什么区别；二是投资统计中的全社会固定资产投资与支出法 GDP 中的固定资本形成总额之间存在什么区别；三是住户调查中的居民可支配收入与资金流量核算中的居民可支配收入之间存在什么区别。

归纳起来，针对以上三个典型质疑案例的回答主要集中在以下六个方面问题：一是住户调查中的居民消费支出与支出法 GDP 中的居民消费支出之间存在什么区别；二是社会消费品零售总额与支出法 GDP 中的最终消费支出之间存在什么区别；三是投资统计中的全社会固定资产投资与支出法 GDP 中的固定资本形成总额之间存在什么区别；四是存货与支出法 GDP 中的存货变动之间存在什么区别；五是海关统计的货物贸易差额与支出法 GDP 中的货物和服务净出口之间存在什么区别；六是住户调查中的居民可支配收入与资金流量核算中的居民可支配收入之间存在什么区别。

上述六个方面问题都是一些常用专业和部门统计指标与支出法 GDP 构成项目和国民可支配收入构成指标之间的区别问题，支出法 GDP 构成项目和国民可支配收入构成指标分别是反映需求结构和国民收入分配结构的重要指标，这些指标都是国民经济核算中的重要指标。

第二节 经常被误解的六对指标

本节讨论第一节指出的 6 个常用专业和部门统计指标与国民经济核算中相应的最终需求和居民可支配收入指标之间的区别。

一 居民消费支出

住户调查中的居民消费支出与支出法 GDP 中的居民消费支出在主要用途、口径范围、资料来源和数据表现上都存在区别。

（一）主要用途的区别

住户调查中的居民消费支出主要用于反映居民消费支出的详细构成项目和不同类型居民群体之间的消费支出差距；支出法 GDP 中的居民消费支出主要用于反映居民消费需求总量及其在最终需求中所占比重情况。

（二）口径范围的区别

本书第一章已经阐明，支出法 GDP 中的居民消费支出包括居民以货币形式购买的货物和服务的消费支出和以其他方式获得的货物和服务的消费支出，后者称为虚拟消费支出。居民虚拟消费支出主要包括以下几种类型：一是住户以实物报酬和实物转移的形式得到的货物和服务；二是住户自己生产自己消费的货物；三是居民自有住房服务；四是金融机构向居民提供的金融中介服务和保险机构向居民提供的保险服务。[1]

---

[1] 详见本书第一章第二节现价 GDP 核算的基本方法部分。

　　住户调查中的居民消费支出与支出法 GDP 中的居民消费支出在口径范围上的区别主要表现在上述居民虚拟消费支出的后两种类型。一是居民自有住房服务消费支出。在住户调查中，居民自有住房服务消费支出等于自有住房折算租金，目前自有住房折算租金采用折旧法计算，具体计算方法是：

自有住房折算租金＝自有住房市场现价估值 × 年折旧率[1]

　　在支出法 GDP 中，居民自有住房服务消费支出等于居民自有住房服务总产出，包括城镇居民自有住房服务总产出和农村居民自有住房服务总产出，即：

居民自有住房服务消费支出＝居民自有住房服务总产出

　　　　　　　　　　　　　＝城镇居民自有住房服务总产出 ＋ 农

　　　　　　　　　　　　　　村居民自有住房服务总产出

其中，城镇居民自有住房服务总产出的具体计算方法[2]是：

城镇居民自有住房服务总产出＝修理维护费 ＋ 管理费 ＋ 折旧

其中：

折旧＝城镇居民自有住房价值 × 折旧率（2%）

　　　＝[（城镇居民人均住房建筑面积 × 城镇居民年平均人口 ×

　　　　城镇住宅单位面积造价）× 城镇居民自有住房比重] × 折

　　　　旧率（2%）

---

[1]　参见国家统计局《国家统计调查制度（2019）》，中国统计出版社，2019，第 1887 页。

[2]　参见国家统计局国民经济核算司《中国第三次经济普查年度国内生产总值核算方法》，2016，第 102~103 页。

农村居民自有住房服务总产出的具体计算方法 [1] 是：

农村居民自有住房服务总产出 = 修理维护费 + 折旧

其中：

折旧 = 农村居民自有住房价值 × 折旧率（3%）

= （农村居民人均住房建筑面积 × 农村居民年平均人口 × 农村居民住房单位面积价值）× 折旧率（3%）

其中，农村居民住房单位面积价值是单位面积当年建房价格，而不是单位面积现期市场价格估值。

由上可知，在支出法 GDP 核算中，城镇居民自有住房价值和农村居民自有住房价值都是按当年造价计算的；在住户调查中，居民自有住房价值是按现期市场价格计算的。由于计算方法不同，所得到的居民自有住房价值显然不同 [2]，从而折旧也必然不同。另外在支出法 GDP 核算中，城镇居民自有住房服务总产出还包括修理维护费和管理费，农村居民自有住房服务总产出还包括修理维护费。所以住户调查中的居民自有住房服务消费支出与支出法 GDP 核算中的居民自有住房服务消费支出在口径范围上存在明显不同。

二是关于间接计算的金融中介服务和保险服务消费支出。支出法 GDP 中的居民消费支出包括居民对间接计算的金融中介服务和保险服

---

[1]　参见国家统计局国民经济核算司《中国第三次经济普查年度国内生产总值核算方法》，2016，第 104 页。

[2]　因计算方法不同导致居民自有住房价值的差异主要表现在城镇居民自有住房价值方面，由于大多数农村地区不存在住房交易市场，难以对其进行估值，一般认为农村居民的房屋市场价值等同于建房价值。参见国家统计局《国家统计制度（2019）》，2019，第 1882~1883 页。

务的消费支出，住户调查中的居民消费支出不包括这类消费支出。间接计算的金融中介服务主要指金融机构从事存贷款业务所提供的服务。对于这种服务来说，金融机构是通过贷款利率高于存款利率的间接方式获取服务费用的，所以在金融机构存款和使用消费贷款的住户并不知道自己支付了多少服务费用，因此通过住户调查无法获取相应的服务消费支出。根据国民经济核算国际标准[1]的建议，GDP核算按照参考利率法核算间接计算的金融中介服务产出，根据住户存款年平均余额与住户消费性贷款年平均余额之和占金融机构各项存款年平均余额与金融机构各项贷款年平均余额之和的比重，计算居民关于间接计算的金融中介服务的消费支出[2]。同样，住户调查也无法获取居民关于保险服务的消费支出，支出法GDP核算通过间接方法计算居民关于保险服务的消费支出[3]。

（三）资料来源的区别

支出法GDP中的居民消费支出的部分类别采用了与住户调查中的居民消费支出不同的资料来源，主要表现在以下六个方面。一是居住支出中的居民自有住房服务支出，直接利用GDP生产核算中的居民自有住房服务总产出数据。二是生活用品及服务支出中的化妆品支出和家政服务支出，分别利用限额以上批发和零售业化妆品零售额、经济普查年度限额以上批发和零售业化妆品零售额所占比重资料和家政

---

[1] 指2008年SNA。

[2] 参见国家统计局国民经济核算司《中国第三次经济普查年度国内生产总值核算方法》，2016，第147~149页和182页。

[3] 参见国家统计局国民经济核算司《中国第三次经济普查年度国内生产总值核算方法》，2016，第76页和183页。

行业协会的家政服务收入资料计算。三是交通和通信支出中的购买汽车支出和电信服务支出，分别利用中国汽车工业协会的国产轿车销售量、海关总署的国外轿车进口量和国产轿车出口量、通过重点调查确定的私人购买轿车比重等资料和工信部的电信业务收入、居民电信费比重等资料计算。四是教育文化和娱乐支出中的居民自费留学支出，利用教育部出国留学人数资料和教育机构调查取得的自费留学人均费用资料计算。五是医疗保健支出中的城镇职工和居民通过社保基金报销的药费、商业健康保险机构赔付给居民的诊疗费和财政用于农村居民的新农合支出，分别利用人力资源和社会保障部社会保险基金收支资料、原银保监会的保险公司业务经济技术指标中的财产保险公司健康险赔款及给付、人寿保险公司健康险赔款及给付等有关资料和卫健委的全国新型农村合作医疗运行情况资料计算。六是其他用品及服务支出中的金银珠宝首饰支出和美容美发洗浴等服务支出，分别利用限额以上批发和零售业金银珠宝首饰零售额和经济普查年度限额以上批发和零售业金银珠宝首饰零售额所占比重资料、美容美发洗浴等服务行业总产出和居民消费比重资料推算。由于住户调查样本中高收入户的样本代表性不够，其他样本也有少报或者漏报的现象，因此，利用住户调查资料推算上述第二至第六项，结果往往偏低，所以利用相对更好的资料来源代替住户调查资料进行推算。上述第一项，即居住支出中的居民自有住房服务支出直接利用 GDP 生产核算中的居民自有住房服务总产出数据是为了保持居民自有住房服务的生产与使用的一致性。[1]

---

[1]　参见本书第一章第四节现价居民消费支出核算部分。

（四）数据表现的区别

从表4-1可以看出，2009~2011年，支出法GDP中的居民消费支出相当于住户调查中的居民消费支出的1.2倍或接近1.2倍。

表4-1　住户调查中的居民消费支出与支出法GDP中的居民消费
支出之间的比较[1]

年份	支出法GDP中的居民消费支出（亿元）	住户调查中的居民消费支出（亿元）	支出法GDP中的居民消费支出/住户调查中的居民消费支出
	（1）	（2）	（1）/（2）
2009	123585	105650	1.17
2010	140759	118376	1.19
2011	164945	137797	1.20

资料来源：许宪春：《准确理解中国的收入、消费和投资》，《中国社会科学》2013年第2期。

二　居民可支配收入

住户调查中的居民可支配收入与资金流量核算中的居民可支配收入在主要用途、口径范围、资料来源和数据表现上都存在区别。

（一）主要用途的区别

住户调查中的居民可支配收入主要用于反映居民可支配收入的详细收入来源和不同类型居民群体之间的收入分配差距情况；资金流量

---

[1] 为了与本章所针对的典型质疑案例相呼应，本表以及本章中的表4.2~4.8均采用原文的数据，没有修改为最近年度数据。

核算中的居民可支配收入主要用于反映居民可支配收入总量及其在国民可支配收入中所占的比重情况。

（二）口径范围的区别

住户调查中的居民可支配收入由工资性收入、经营净收入、财产净收入和转移净收入四个项目组成；资金流量核算中的居民可支配收入由应收劳动者报酬、营业盈余、财产净收入和经常转移净收入四个项目组成。前面四个项目与后面四个项目存在一一对应的关系，但彼此在口径范围上均存在区别[1]。

（三）资料来源的区别

住户调查中的居民可支配收入是利用调查户的收支资料计算出来的，因此调查户的代表性、调查户收支填报的准确性等因素对居民可支配收入具有重要的影响。随着社会主义市场经济的迅速发展，居民收入水平不断提高，居民收入差距也在扩大，住户保护隐私和怕露富的意识日益增强，部分高收入住户拒绝接受调查，所以调查户对高收入住户的代表性不够；同时，接受调查的一些住户也存在少报和漏报的现象。国家统计局根据税收资料对住户调查中高收入住户的居民收入数据进行了调整，但很难完全调整到位。因此，住户调查中的居民可支配收入不可避免地存在一定程度的低估。资金流量核算利用多种资料来源计算居民可支配收入，在很大程度上避免了住户调查对居民可支配收入的低估[2]。

---

[1] 参见本书第二章第三节口径范围的区别部分。

[2] 参见本书第二章第三节资料来源的区别部分。

（四）数据表现的区别

从表4-2可以看出，2008~2009年，资金流量核算中的居民可支配收入相当于住户调查中的居民可支配收入的1.4倍以上。

表4-2　住户调查中的居民可支配收入与资金流量核算中的居民可支配收入的比较

年份	资金流量核算中的居民可支配收入（亿元）	住户调查中的居民可支配收入（亿元）	资金流量核算中的居民可支配收入／住户调查中的居民可支配收入
	（1）	（2）	（1）／（2）
2008	186038	130856	1.42
2009	207479	144888	1.43

资料来源：许宪春：《准确理解中国的收入、消费和投资》，《中国社会科学》2013年第2期。

注：表中资金流量核算中的居民可支配收入是居民可支配总收入，目前还无法获得其中的居民可支配净收入。不过由于固定资产折旧在居民可支配总收入中占比不大，所以对比较结果虽然有影响但不大。

三　社会消费品零售总额——最终消费支出

社会消费品零售总额与支出法 GDP 中的最终消费支出在主要用途、口径范围、资料来源和数据表现上都存在区别。

（一）主要用途的区别

社会消费品零售总额主要反映国内消费品市场总规模和城乡居民及社会集团对实物商品消费需求总量；支出法 GDP 中的最终消费支出主要用于反映消费需求总量及其在全部最终需求中所占的比重情况。

（二）口径范围的区别

支出法 GDP 中的最终消费支出包括居民消费支出和政府消费支出。如前所述，居民消费支出包括两部分，居民以货币形式购买的货物和服务的消费支出和居民虚拟消费支出；政府消费支出也包括两部分，公共服务消费支出和政府承担的个人消费货物和服务支出。对于居民消费支出来说，社会消费品零售总额只与居民以货币形式购买的货物和服务消费支出中的货物部分有关，与服务部分无关，与大部分居民虚拟消费支出无关；对于政府消费支出来说，社会消费品零售总额只与政府承担的个人消费货物和服务支出中的货物部分有关，与服务部分无关；与公共服务消费支出中的部分商品支出有关，与其他支出无关[1]。具体来说，社会消费品零售总额与支出法 GDP 中的最终消费支出在口径范围上的区别主要包括以下几个方面：一是最终消费支出包括居民以货币形式购买的服务的消费支出和政府承担的个人消费服务的支出，社会消费品零售总额不包括相应的服务；二是最终消费支出包括住户以实物报酬和实物转移的形式得到的货物和服务，社会消费品零售总额只包括其中经过市场销售的货物部分，不包括不经过市场销售的货物和所有的服务；三是最终消费支出包括住户自己生产自己消费的货物，社会消费品零售总额不包括这些货物；四是最终消费支出包括居民自有住房服务，社会消费品零售总额不包括这种服务；五是最终消费支出包括金融机构向居民提供的金融中介服务和保险机构向居民提供的保险服务，社会

---

[1] 根据本书第一章第四节，政府消费支出由工资福利性支出、商品和服务性支出、固定资产折旧三个部分组成，社会消费品零售总额只与其中的商品和服务性支出中通过市场购买的部分商品有关，与其余的部分无关。

消费品零售总额不包括相应的服务；六是最终消费支出包括公共服务消费支出，社会消费品零售总额只包括公共服务消费支出中所涉及的部分商品支出，不包括其他支出。

（三）资料来源的区别

社会消费品零售总额资料来源于批发和零售业、住宿和餐饮业的社会消费品零售总额统计 [1]；支出法 GDP 中的最终消费支出的资料主要来源于住户调查、专业统计、部门统计和行政记录、金融保险机构的有关资料、有关协会的统计资料等 [2]。

（四）数据表现的区别

从表 4-3 可以看出，2009~2011 年，支出法 GDP 中的最终消费支出相当于社会消费品零售总额的 1.2 倍以上。

表4-3　社会消费品零售总额与支出法GDP中的最终消费支出之间的比较

年份	支出法 GDP 中的最终消费支出（亿元）	社会消费品零售总额（亿元）	支出法 GDP 中的最终消费支出 / 社会消费品零售总额
	（1）	（2）	（1）/（2）
2009	169275	132678	1.28
2010	194115	156998	1.24
2011	228561	183919	1.24

资料来源：支出法 GDP 中的最终消费支出数据取自《中国统计年鉴（2012）》第 61 页；社会消费品零售总额数据取自《中国统计年鉴（2012）》第 699 页和《中国统计年鉴（2011）》第 693 页。

---

[1]　参见国家统计局《国家统计调查制度（2019）》，中国统计出版社，2019，第 826 页。

[2]　参见国家统计局国民经济核算司《中国第三次经济普查年度国内生产总值核算方法》，2016，第 2 页、第 174~201 页。

四　全社会固定资产投资——固定资产形成总额

全社会固定资产投资与固定资本形成总额在主要用途、口径范围、资料来源和数据表现上都存在区别。

（一）主要用途的区别

全社会固定资产投资主要服务于建设项目管理的需要，反映全社会固定资产投资规模及其详细结构情况；固定资本形成总额主要用于反映固定资本投资需求总量及其在最终需求中所占的比重情况。

（二）口径范围的区别

根据本书第一章第四节关于现价固定资本形成总额核算的阐述，全社会固定资产投资与固定资本形成总额在口径范围上的区别主要包括以下几个方面：一是全社会固定资产投资包括土地购置费，旧设备和旧建筑物购置费[1]，而固定资本形成总额不包括这些费用[2]。如前所述，全社会固定资产投资主要是从建设项目管理需求角度设置的统计指标。从建设项目管理需求角度看，凡是建设项目需要支付的费用，包括土地购置费、旧设备和旧建筑物购置费，都需要包括在全社会固定资产投资中。

---

[1]　参见国家统计局《国家统计调查制度（2019）》，中国统计出版社，2019，第1392~1393页。

[2]　参见国家统计局国民经济核算司《中国第三次经济普查年度国内生产总值核算方法》，2016，第204~208页。

固定资本形成总额作为支出法 GDP 的构成项目，一定是生产活动生产出来的产品，不是生产活动生产出来的产品是不能计入固定资本形成总额的，这是 GDP 核算必须遵循的基本准则。土地购置费是指通过划拨方式或出让方式取得土地使用权而支付的各项费用，这种土地使用权不是生产活动的成果，所以固定资本形成总额不包括土地购置费。旧建筑物和旧设备虽然是生产活动成果，但是它们已经包括在前期的固定资本形成总额中，不能重复计算，所以固定资本形成总额也不包括旧建筑物和旧设备购置费。

二是全社会固定资产投资不包括城镇和农村非农户 500 万元以下项目的固定资产投资[1]，而固定资本形成总额作为全面反映固定资本投资需求的指标应当包括这部分投资。

三是全社会固定资产投资不包括研究与开发、矿藏勘探、计算机软件等知识产权产品支出，而固定资本形成总额包括这方面的支出[2]。根据目前的固定资产投资统计制度规定，全社会固定资产投资包括建筑工程、安装工程、设备工器具购置和其他费用，不包括研究与开发、矿藏勘探、计算机软件等知识产权产品支出。但是，这些知识产权产品与传统固定资产一样，能够在生产活动中长期发挥作用（例如，计算机软件与计算机硬件一样能够在生产活动中长期发挥作用），按照国民经济核算国际标准的要求，固定资本形成总额包括这些知识

---

[1] 这是由固定资产投资统计的建设项目起点标准决定的。2011 年以前，固定资产投资统计的建设项目起点标准是 50 万元，随着建设项目规模的不断扩大，为了减轻基层统计部门的工作负担和提高数据质量，从 2011 年起建设项目起点标准确定在 500 万元。

[2] 参见本书第一章第四节现价固定资本形成总额核算部分。

产权产品支出。

四是全社会固定资产投资不包括商品房销售增值，而固定资本形成总额包括商品房销售增值[1]。就商品房来说，全社会固定资产投资中的房地产开发投资是从开发商开发商品房的投资成本角度计算的，而固定资本形成总额是从最终用户购买商品房的支出（即开发商的商品房销售额）角度计算的，两者之间的差额是商品房销售额与相应商品房投资成本之差，即所谓商品房销售增值。所以全社会固定资产投资不包括这部分商品房销售增值，而固定资本形成总额则包括这部分商品房销售增值。

（三）资料来源的区别

全社会固定资产投资的资料来源主要包括以下几个方面：一是500万元及以上建设项目的固定资产投资的全面调查；二是房地产开发企业的房地产开发投资的全面调查；三是农村住户固定资产投资的抽样调查[2]。固定资本形成总额的资料来源主要包括以下几个方面：一是全社会固定资产投资统计；二是房地产开发企业的商品房销售统计；三是工业和信息化部的计算机软件统计；四是国土资源部的矿藏勘探支出统计；五是国家统计局、教育部和科技部的研发支出统计。可见，固定资本形成总额的后四个方面资料来源与全社会固定资产投资的资料来源不同。

---

[1] 参见国家统计局国民经济核算司《中国第三次经济普查年度国内生产总值核算方法》，2016，第204~206页。

[2] 详细情况请参见许宪春《准确理解中国的收入、消费和投资》，《中国社会科学》2013年第2期。

（四）数据表现的区别

从表4-4可以看出，2009~2011年，固定资本形成总额接近全社会固定资产投资的70%。

表4-4 全社会固定资产投资与固定资本形成总额之间的比较

年份	固定资本形成总额（亿元）	全社会固定资产投资（亿元）	固定资本形成总额/全社会固定资产投资（%）
	（1）	（2）	（1）/（2）
2009	156680	224599	69.8
2010	183615	278122	66.0
2011	213043	311485	68.4

资料来源：固定资本形成总额数据取自《中国统计年鉴（2012）》第62页；全社会固定资产投资数据取自《中国统计年鉴（2012）》第158页。

五 存货——存货变动

存货与存货变动在主要用途、口径范围和数据表现上都存在区别。

（一）主要用途的区别

存货主要用于反映存货资产总量及其在非金融资产中所占比重情况；存货变动主要用于反映存货变动需求总量及其在最终需求中所占比重情况。

（二）口径范围的区别

存货与存货变动在口径范围上的区别主要表现在：存货是非金融资产的构成项目，是存量指标；存货变动是支出法GDP的构成项目，是流量指标。

（三）数据表现的区别

从表 4-5 可以算出，2009 年 3 月末，全国规模以上工业产成品存货同比增长 9.3%，而 2009 年第一季度全国规模以上工业产成品存货变动同比大幅度下降；2009 年末，全国规模以上工业产成品存货比上年末增长 5.3%，而 2009 年全国规模以上工业产成品存货变动比上年大幅度下降 73.1%。可见，在存货增长的情况下，存货变动有可能下降，甚至是大幅度下降。

表4-5　规模以上工业产成品存货和存货变动额

单位：亿元

年份	产成品存货				产成品存货变动额			
	3 月末	6 月末	9 月末	12 月末	第一季度	上半年	前三季度	全年
2007	14721	16300	17293	17768				
2008	18406	20707	22635	22139	638	2939	4867	4371
2009	20118	21426	22636	23313	−2021	−713	497	1174

资料来源：许宪春：《准确理解中国经济统计》，《经济研究》2010 年第 5 期。

2009 年第一季度、上半年、前三季度和全年，存货变动同比都是下降的，对经济增长形成负拉动。同样，2012 年第一季度、上半年、前三季度和全年存货变动同比也都是下降的，也对经济增长形成负拉动。

六　货物贸易差额——货物和服务净出口

海关统计的货物贸易差额与支出法 GDP 中的货物和服务净出口在主要用途、口径范围、资料来源和数据表现上都存在区别。

（一）主要用途的区别

海关统计的货物贸易差额主要用于反映通过海关出口和进口的货物贸易差额情况；货物和服务净出口主要用于反映净出口需求总量及其在最终需求中所占的比重情况。

（二）口径范围的区别

两者在口径范围上的区别主要包括以下几个方面：一是货物和服务净出口既包括货物净出口，也包括服务净出口，而货物贸易差额不包括服务贸易差额；二是货物和服务净出口中的货物进口是按离岸价格计算的，而货物贸易差额中的货物进口是按到岸价格计算的，货物到岸价格和离岸价格之间存在运输和保险费用等方面的差别；三是货物和服务净出口增速是按不变价格计算的，即货物和服务出口剔除出口价格变动因素，货物和服务进口剔除进口价格变动因素；而货物贸易差额增速是按当期价格计算的，即货物出口没有剔除出口价格变动因素，货物进口没有剔除进口价格变动因素。[1]

（三）资料来源的区别

货物贸易差额来源于海关统计；货物和服务净出口来源于国家外汇管理局编制的国际收支平衡表。

（四）数据表现的区别

从表4-6可以看出，2009年第一季度，货物出口和货物进口都是下降的，由于货物进口下降幅度明显大于货物出口下降幅度，导致货

---

[1] 参见国家统计局国民经济核算司《中国第三次经济普查年度国内生产总值核算方法》，2016，第220~222页。

物贸易差额增速高达52.7%；但是，主要是由于货物进口价格降幅远大于货物出口价格降幅（见表4-7），反致货物和服务净出口同比下降29.4%。2011年上半年和前三季度，货物出口和货物进口同比增速都在20%以上，由于货物进口增速明显高于货物出口增速，导致货物贸易差额下降；但是，主要是货物进口价格涨幅明显高于货物出口价格涨幅（见表4-7），反致货物和服务净出口转为正增长。2012年上半年、前三季度和全年，货物出口和货物进口增速都保持在一位数以内，但货物贸易差额增速高达30%甚至50%以上，主要是货物进口价格涨幅低于货物出口价格涨幅（见表4-7），反致货物和服务净出口呈负增长。

表4-6　货物贸易差额增长率与货物和服务净出口增长率之间的比较

单位：%

年份	期间	货物出口	货物进口	货物贸易差额	货物和服务净出口增长率
2009	第一季度	−19.7	−30.9	52.7	−29.4
	上半年	−21.8	−25.4	−1.2	−57.2
	前三季度	−21.3	−20.4	−25.6	−61.0
	全年	−16.0	−11.2	−33.6	−47.5
2011	第一季度	26.5	33.3	—	−3.9
	上半年	24.0	27.6	−19.9	1.9
	前三季度	22.7	26.7	−11.2	2.3
	全年	20.3	24.9	−15.3	−10.3
2012	第一季度	7.6	6.8	—	−38.9
	上半年	9.2	6.7	55.5	−28.6
	前三季度	7.4	4.8	38.7	−16.4
	全年	7.9	4.3	48.1	−5.7

资料来源：中华人民共和国海关总署网站"海关主要统计数据"。

表4-7 货物进出口价格指数

年份	期间	货物出口价格指数	货物进口价格指数
2009	第一季度	98.1	84.4
	上半年	95.7	82.3
	前三季度	94.5	82.5
	全年	94.0	86.3
2011	第一季度	109.5	114.2
	上半年	110.2	114.7
	前三季度	109.9	114.8
	全年	110.0	113.9
2012	第一季度	104.3	104.5
	上半年	103.9	101.5
	前三季度	102.8	100.2
	全年	102.2	99.5

资料来源：中华人民共和国海关总署：2009年、2011年、2012年《中国对外贸易指数》。

第三节 统计数据反差背后的真实逻辑

现在，我们回过头来，对本章第一节提出的三个典型质疑案例予以解答。

一 对质疑之一的解答

（一）关于货物和服务净出口问题的解答

本章第一节曾经指出，关于货物和服务净出口需要回答的问题是：海关统计的货物贸易差额与支出法 GDP 中的货物和服务净出口之间存在什么区别？在货物贸易顺差大幅增长的情况下，货物和服务净出口会不会对经济增长形成负拉动？

从本章第二节可以看出，海关统计的货物贸易差额与支出法 GDP 中的货物和服务净出口在主要用途、口径范围、资料来源和数据表现上都存在明显的不同；在货物贸易顺差大幅度增长的情况下，货物和服务净出口有可能下降，从而对经济增长形成负拉动，2009 年和 2012 年都出现了这种情况。

（二）关于存货变动问题的解答

本章第一节曾经指出，关于存货变动需要回答的问题是：存货与存货变动之间存在什么区别？在存货增长的情况下，存货变动有没有可能下降，从而对经济增长形成负拉动？

从本章第二节可以看出，存货与存货变动在主要用途、口径范围和数据表现上都存在明显的不同；在存货增长的情况下，存货变动有可能下降，从而对经济增长形成负拉动，2009 年和 2012 年都出现了这种情况。

二　对质疑之二的解答

本章第一节曾经指出，关于质疑之二需要回答的问题是：社会消费品零售总额与最终消费支出之间存在什么区别？在社会消费品零售总额实际增速上升的情况下消费贡献率会不会明显下降？

从本章第二节可以看出：社会消费品零售总额与最终消费支出在主要用途、口径范围、资料来源和数据表现上都存在明显的不同。那么，在社会消费品零售总额实际增速上升的情况下，消费贡献率会不会明显下降？

回答是肯定的。也就是说，在社会消费品零售总额实际增速上升的情况下，消费贡献率有可能明显下降。为什么会出现这种情况呢？原因并不复杂。我们以质疑者针对的 2012 年上半年的数据为例加以说明。

2012 年上半年，社会消费品零售总额同比名义增长 14.4%，实际增长 11.2%，名义增速比第一季度回落 0.4 个百分点，实际增速上升 0.3 个百分点。固定资产投资（不含农户）名义增长 20.4%，实际增长 18.0%，名义增速比第一季度回落 0.5 个百分点，实际增速回落 0.2 个百分点。

2012 年上半年，社会消费品零售总额的实际增速虽然比第一季度是上升的，但只有 11.2%，固定资产投资（不含农户）的实际增速虽然是回落的，但高达 18.0%，比社会消费品零售总额实际增速高 6.8 个百分点。而且固定资产投资（不含农户）绝对额远大于社会消费品零售总额绝对额。所以，2012 年上半年，固定资产投资（不含农户）的实际增加量必然大于社会消费品零售总额的实际增加量。相应地，资本形成总额的实际增加量大于最终消费支出的实际增加量，从而投资需求对经济增长的贡献率上升，消费需求对经济增长的贡献率下降。

因此，2012 年上半年社会消费品零售总额实际增速高于第一季度，而消费贡献率却明显下降，其中并无矛盾之处。

三　对质疑之三的解答

本章第一节曾经指出，关于质疑之三需要回答三个方面问题，前两个方面的问题，本章第一节已经给予解答，第三个方面问题本章第二节已经给予解答。

最后可以对质疑之三的解答简要总结如下。

第一，住户调查中的居民收入和居民消费支出数据的确存在一定程度的低估，投资统计中的全社会固定资产投资数据的确存在一定程度的高估。

第二，反映居民消费需求和固定资本投资需求的指标是支出法GDP中的居民消费支出和固定资本形成总额，而不是住户调查中的居民消费支出和投资统计中的全社会固定资产投资；资金流量核算中的居民可支配收入是国民可支配收入的构成指标，住户调查中的居民可支配收入不是国民可支配收入的构成指标。

第三，住户调查中的居民消费支出与支出法GDP中的居民消费支出、投资统计中的全社会固定资产投资与支出法GDP中的固定资本形成总额、住户调查中的居民可支配收入与资金流量核算中的居民可支配收入，在主要用途、口径范围、资料来源和数据表现等方面都存在明显的区别。

第四，住户调查中的居民收入和居民消费支出数据的低估，投资统计中的全社会固定资产投资数据的高估，并不会直接导致对中国需求结构和国民收入分配结构（也就是质疑者所说的中国经济结构）的误判。

第五章　对中国经济增速的质疑与解析

国家统计局发布的数据显示，2015 年第一季度中国经济同比实际增长 7.0%，名义增长 5.8%，GDP 缩减指数下降 1.1%，居民消费价格上涨 1.2%，工业生产者出厂价格下降 4.6%，工业生产者购进价格下降 5.6%。针对国家统计局发布的数据，国外一些媒体发表了几篇从不变价 GDP 核算方法和 GDP 缩减指数角度质疑中国经济增长速度数据的文章。本章对这几篇文章的主要质疑内容进行简要归纳，有针对性地阐述中国不变价 GDP 生产核算中主要行业增加值和不变价 GDP 使用核算中主要需求项目的计算方法，在此基础上对这些质疑进行解答。

第一节 《经济学人》与《金融时报》的
三个质疑

质疑之一：2015 年第一季度中国 GDP 缩减指数下降 1.1%，与居民消费价格上涨 1.2% 相矛盾。

2015 年 7 月 15 日，英国《经济学人》杂志发表《是否应该相信中国经济数据》一文，该文指出，中国发布 2015 年第一季度经济同比实际增长 7%，这与 5.8% 的名义增长不相符，较高的实际增长的唯一解释就是 GDP 缩减指数下降 1.1%，而这意味着经济普遍通缩，与同期居民消费价格上涨 1.2% 相矛盾。

针对这一质疑，我们需要回答的问题是，2015 年第一季度 GDP 缩减指数下降 1.1% 与同期居民消费价格上涨 1.2% 是不是存在矛盾？

质疑之二：由于在计算多数经济领域的缩减指数时没有扣除进口价格的变化，导致中国经济增长速度被高估 1~2 个百分点。

2015 年 6 月 9 日，英国《金融时报》发表《中国经济增速"被高估"》一文。文章称，据凯投宏观（Capital Economics）估计，由于计算方法上的技术问题，中国当前经济增长速度被高估了 1~2 个百分点。这个技术问题的核心在于中国在计算多数经济领域的缩减指数时没有扣除进口价格的变化，导致中国 2015 年第一季度 GDP 缩减指数被低估 1~2 个百分点，实际经济增速被夸大了同样的幅度，第一季度实际经济增速应为 5%~6%，而不是 7%。

如果我们理解正确的话，质疑者讲的中国在计算多数经济领域的缩减指数时没有扣除进口价格的变化，指的是在不变价 GDP 生产核算中，多数行业不变价增加值计算所使用的价格指数没有扣除进口价格的变化；在不变价 GDP 使用核算中，多数不变价需求项目计算所使用的价格指数没有扣除进口价格的变化。

针对这一质疑，我们需要回答的问题是，在不变价 GDP 生产核算中，多数行业不变价增加值计算所使用的价格指数是不是需要扣除进口价格的变化？在不变价 GDP 使用核算中，多数不变价需求项目计算所使用的价格指数是不是需要扣除进口价格的变化？

质疑之三：由于不变价 GDP 核算使用单缩法，导致中国 2015 年第一季度经济增长速度被高估约 0.5 个百分点。

2015 年 7 月 15 日，英国《金融时报》中文网发表了《中国 GDP 高估了？》一文，该文认为，中国不变价 GDP 核算使用单缩法，没有考虑中间投入价格变化与产出价格变化的差异，其中工业不变增加值核算使用单缩法导致中国 2015 年第一季度经济增速被高估了约 0.5 个百分点。

针对这一质疑，我们需要回答的问题是，行业不变价增加值核算使用单缩法一定不如使用双缩法吗？工业不变价增加值核算使用单缩法真的导致中国 2015 年第一季度经济增速被高估了约 0.5 个百分点吗？

第二节 中国 GDP 增长核算的基本逻辑和方法

经济增长速度就是 GDP 增长速度，其计算公式如下：

GDP$_t$ 增长速度 =（不变价 GDP$_t$ – 不变价 GDP$_{t-1}$）/ 不变价 GDP$_{t-1}$

不变价 GDP 既可以从生产角度核算，也可以从使用角度核算。从生产角度核算，不变价 GDP 为各行业不变价增加值之和，即：

不变价 GDP = $\sum$ 行业不变价增加值

从使用角度核算，就是从支出法角度核算，不变价 GDP 为各项不变价最终需求项目之和，即：

$$
\begin{aligned}
\text{不变价 GDP} &= \sum \text{不变价最终需求项目} \\
&= \text{不变价消费需求} + \text{不变价投资需求} + \text{不变价净出口} \\
&\quad \text{需求} \\
&= \text{不变价最终消费支出} + \text{不变价资本形成总额} + \text{不变} \\
&\quad \text{价货物和服务净出口} \\
&= （\text{不变价居民消费支出} + \text{不变价政府消费支出}）+ \\
&\quad （\text{不变价固定资本形成总额} + \text{不变价存货变动}）+ \\
&\quad （\text{不变价货物和服务出口} – \text{不变价货物和服务进口}）
\end{aligned}
$$

不变价 GDP 核算又包括年度核算和季度核算，其中，季度核算又包括同比核算和环比核算。从年度 GDP 核算看，t 指的是报告年度，$t-1$ 指的是报告年上一年度；从季度同比看，t 指的是报告季度，$t-1$ 指的是上年同季度；从季度环比看，t 指的是报告季度，$t-1$ 指的是报告季的上一季度。

从上述计算公式可以看出，计算 GDP 增长速度的关键在于计算不变价 GDP。从生产核算的角度看，就是计算各行业不变价增加值；从使用核算的角度看，就是计算各项不变价最终需求项目。

一　不变价 GDP 核算的基本方法

下面介绍国际上通用的不变价 GDP 核算的基本方法，主要包括两大类 [1]，一类是价格指数缩减法，一类是物量指数外推法。

（一）价格指数缩减法

价格指数缩减法包括两种基本方法：一种是双缩法，另一种是单缩法。

1. 双缩法

从生产核算的角度，双缩法就是分别利用产出价格指数和中间投入价格指数缩减报告期现价总产出和现价中间投入，得出报告期不变价总产出和不变价中间投入，两者之差为报告期不变价增加值，即：

报告期不变价总产出＝报告期现价总产出 ÷ 产出价格指数

报告期不变价中间投入＝报告期现价中间投入 ÷ 中间投入价格指数

报告期不变价增加值＝报告期不变价总产出 − 报告期不变价中间投入

从使用核算的角度，双缩法是仅针对货物和服务净出口使用的方

---

[1]　还有一种基本方法，即直接基年价值法，见本书第一章第二节，不过目前用的比较少。

法，具体方法是，用出口价格指数缩减报告期现价货物和服务出口，用进口价格指数缩减报告期现价货物和服务进口，分别得出报告期不变价货物和服务出口及报告期不变价货物和服务进口，两者之差为报告期不变价货物和服务净出口，即：

报告期不变价货物和服务出口＝报告期现价货物和服务出口 ÷ 出口价格指数

报告期不变价货物和服务进口＝报告期现价货物和服务进口 ÷ 进口价格指数

报告期不变价货物和服务净出口＝报告期不变价货物和服务出口 － 报告期不变价货物和服务进口

2. 单缩法

从生产核算的角度，单缩法就是直接利用产出价格指数缩减报告期现价增加值，得出报告期不变价增加值，即：

报告期不变价增加值＝报告期现价增加值 ÷ 产出价格指数

这种计算方法有一个基本假定，即产出价格与中间投入价格基本上保持同幅度变动。

从使用核算的角度，单缩法就是利用各需求项目价格指数缩减报告期相应现价需求项目，得出报告期各不变价需求项目，即：

报告期不变价需求项目＝报告期现价需求项目 ÷ 相应需求项目价格指数

（二）物量指数外推法

物量指数外推法也包括两种基本方法：一种是双外推法，另一种是单外推法。

1. 双外推法

从生产核算的角度，双外推法就是分别利用产出物量指数和中间投入物量指数外推基期现价总产出和基期现价中间投入，得出报告期不变价总产出和报告期不变价中间投入，两者之差为报告期不变价增加值，即：

报告期不变价总产出 ＝ 基期现价总产出 × 产出物量指数

报告期不变价中间投入 ＝ 基期现价中间投入 × 中间投入物量指数

报告期不变价增加值 ＝ 报告期不变价总产出 － 报告期不变价中间投入

从使用核算的角度，双外推法是仅针对货物和服务净出口使用的方法，具体方法是，用出口物量指数外推基期现价货物和服务出口，用进口物量指数外推基期现价货物和服务进口，分别得出报告期不变价货物和服务出口及报告期不变价货物和服务进口，两者之差为报告期不变价货物和服务净出口，即：

报告期不变价货物和服务出口 ＝ 基期现价货物和服务出口 × 出口物量指数

报告期不变价货物和服务进口 ＝ 基期现价货物和服务进口 × 进口物量指数

报告期不变价货物和服务净出口 ＝ 报告期不变价货物和服务出口 － 报告期不变价货物和服务进口

2. 单外推法

从生产核算的角度，单外推法就是直接利用产出物量指数外推基期现价增加值，得出报告期不变价增加值，即：

报告期不变价增加值 = 基期现价增加值 × 产出物量指数

这种计算方法有一个基本假定，即产出物量与中间投入物量基本上保持同幅度变动。

从使用核算的角度，单外推法就是利用各需求项目物量指数外推基期相应现价需求项目，得出报告期不变价需求项目，即：

报告期不变价需求项目 = 基期现价需求项目 × 相应需求项目物量指数

世界各国基本上都是根据上述不变价 GDP 核算的基本方法，结合本国的具体资料来源情况计算本国的不变价 GDP，中国不变价 GDP 核算遵从的是国际惯例。

自从 1985 年建立生产核算制度和 1989 年建立使用核算制度以来，中国 GDP 核算方法进行过多次修订，特别是 21 世纪初建立起周期性经济普查制度以来，国家统计局一直利用经济普查的机会对 GDP 核算方法，包括不变价 GDP 核算方法进行系统修订，使之不断改进和完善。本章后文重点介绍中国当前不变价 GDP 生产核算和使用核算方法。

二 中国不变价 GDP 生产核算方法

如前所述，不变价 GDP 生产核算就是计算各行业不变价增加值。表 5-1 对本书第一章所阐述的中国年度不变价 GDP 生产核算中主要行业不变价增加值的计算方法和价格指数及物量指数进行了简要概括。

表5-1 中国年度不变价GDP生产核算的计算方法和价格及物量指数

行业 （一级分类）	行业 （二级分类）	不变价增加 值核算方法	价格指数 （物量指数）
农林牧渔业	农业	单缩法	农产品生产价格指数
	林业		林产品生产价格指数
	畜牧业		畜产品生产价格指数
	渔业		水产品生产价格指数
	农林牧渔服务业		农业生产资料价格指数中的农业生产服务价格指数
工业（采矿业制造业电力、热力、燃气及水生产和供应业）	41个大类： 采矿业：7个大类 制造业：31个大类 电力、热力、燃气及水生产和供应业：3个大类	单缩法	工业生产者出厂价格指数中各对应行业大类指数
建筑业	房屋建筑业 土木工程建筑业 建筑安装业 建筑装饰、装修和其他建筑业	单缩法	建筑安装工程价格指数
批发和零售业	批发业 零售业	单缩法	商品零售价格指数
交通运输、仓储和邮政业	铁路运输业	单外推法	铁路客货运周转量指数
	道路运输业		道路客货运周转量指数
	水上运输业		水上客货运周转量指数
	航空运输业		航空客货运周转量指数
	管道运输业		输油（气）周转量指数
	多式联运和运输代理业	单缩法	居民消费价格指数中的的服务项目价格指数
	装卸搬运和仓储业	单缩法	居民消费价格指数中的服务项目指数
	邮政业	单外推法	邮政业务总量指数
金融业	货币金融服务	单缩法	货币金融服务缩减指数①
	资本市场服务	单外推法	股票成交量指数
	保险业	单缩法	保险业缩减指数②
	其他金融业	单缩法	货币金融服务缩减指数

续表

行业 （一级分类）	行业 （二级分类）	不变价增加 值核算方法	价格指数 （物量指数）
房地产业	房地产开发经营业	单缩法	房地产开发经营业加权价格指数③
	物业管理		居民消费价格指数中的物业管理指数
	房地产中介服务		居民消费价格指数中的服务项目指数
	房地产租赁经营	单缩法	房屋租赁价格指数
	居民自有住房服务	单外推法	按城镇居民自有住房服务和农村居民 自有住房服务分别计算，前者采用城 镇居民住房面积指数，后者采用农村 居民住房面积指数④
	其他房地产业		居民消费价格指数中的服务项目指数

注：①货币金融服务缩减指数是同业拆借利率指数和消费投资价格指数的加权平均指数，其中，同业拆借利率指数＝银行间同业拆借利率指数；消费投资价格指数＝居民消费价格指数 ×［最终消费支出 ÷（最终消费支出 + 固定资本形成总额）]＋固定资产投资价格指数 ×［固定资本形成总额 ÷（最终消费支出 + 固定资本形成总额）］；权重分别为"（金融机构往来收入 – 金融机构往来支出）÷ 货币金融服务总产出"和"［货币金融服务总产出 –（金融机构往来收入 – 金融机构往来支出）]÷ 货币金融服务总产出"。

②保险业缩减指数是资本市场服务缩减指数和消费投资价格指数的加权平均指数，其中资本市场服务缩减指数为资本市场服务现价增加值与不变价增加值之比；权重分别为"投资收益 ÷ 保险业总产出"和"（保险业总产出 – 投资收益）÷ 保险业总产出"。

③房地产开发经营业加权价格指数为房屋销售价格指数、土地交易价格指数和房屋租赁价格指数的加权平均价格指数，权数为商品房屋销售收入、土地转让收入、房屋出租收入占三者之和的比重。

④居民自有住房服务不变价增加值＝基年城镇居民自有住房虚拟折旧 × 城镇居民自有住房面积指数 + 基年农村居民自有住房虚拟折旧 × 农村居民自有住房面积指数

⑤本表根据本书第一章第三节中的不变价核算部分整理。

三　中国不变价 GDP 使用核算方法

如前所述，不变价 GDP 使用核算就是计算不变价 GDP 使用核算的各需求项目。表 5–2 对本书第一章所阐述的中国不变价 GDP 使用核算中主要需求项目的计算方法和所采用的价格及物量指数进行了概括。

表5-2　中国不变价GDP使用核算中主要需求项目的计算方法
和所采用的价格及物量指数

GDP 使用核算中的需求项目	缩减法及采用的价格指数	外推法及采用的物量指数
最终消费支出		
居民消费支出		
农村居民消费支出	1. 食品烟酒 食品：农村居民消费价格指数中的食品类指数 烟酒：农村居民消费价格指数中的烟酒及用品类指数 饮食服务：农村居民消费价格指数中的在外餐饮类指数 2. 衣着：农村居民消费价格指数中的衣着类指数 3. 居住 租赁房房租、住房维修及管理、水电燃料及其他支出：农村居民消费价格指数中的居住类指数 4. 生活用品及服务：农村居民消费价格指数中的家庭设备用品及维修服务类指数 5. 交通和通信：农村居民消费价格指数中的交通和通信类指数 6. 教育、文化和娱乐：农村居民消费价格指数中的娱乐教育文化用品和服务类指数 7. 医疗保健：农村居民消费价格指数中的医疗保健类指数 8. 金融中介服务：货币金融服务缩减指数① 9. 保险服务：保险业缩减指数② 10. 其他用品及服务：农村居民消费价格指数中的个人用品及服务类指数	自有住房服务：农村居民自有住房面积指数

GDP 使用核算中的需求项目	缩减法及采用的价格指数	外推法及采用的物量指数
城镇居民消费支出	1. 食品烟酒 食品：城镇居民消费价格指数中的食品类指数 烟酒：城镇居民消费价格指数中的烟酒及用品类指数 饮食服务：城镇居民消费价格指数中的在外餐饮类指数 2. 衣着：城镇居民消费价格指数中的衣着类指数 3. 居住： 租赁房房租、住房维修及管理、水电燃料及其他支出：城镇居民消费价格指数中的居住类指数 4. 生活用品及服务：城镇居民消费价格指数中的家庭设备用品及维修服务类指数 5. 交通和通信：城镇居民消费价格指数中的交通和通信类指数 6. 教育、文化和娱乐：城镇居民消费价格指数中的娱乐教育文化用品和服务类指数 7. 医疗保健：城镇居民消费价格指数中的医疗保健类指数 8. 金融中介服务：货币金融服务缩减指数； 9. 保险服务：保险业缩减指数 10. 其他用品及服务：城镇居民消费价格指数中的个人用品及服务类指数	自有住房服务：城镇居民自有住房面积指数
政府消费支出	1. 工资及福利性支出：职工平均工资指数 2. 商品和服务性支出：居民消费价格指数 3. 固定资产折旧：固定资产投资价格指数	

续表

GDP 使用核算中的需求项目	缩减法及采用的价格指数	外推法及采用的物量指数
资本形成总额		
固定资本形成总额	1. 住宅： 住宅投资：固定资产投资价格指数中的建筑安装工程价格指数 住宅销售增值：房屋销售价格指数 2. 非住宅建筑物： 非住宅建筑物（扣除非住宅商品房销售增值）：固定资产投资价格指数中的建筑安装工程价格指数 非住宅商品房销售增值：房屋销售价格指数 3. 土地改良支出：固定资产投资价格指数 4. 机器和设备支出：固定资产投资价格指数中的设备工器具购置价格指数 5. 研究与开发支出：工业生产者购进价格指数、研发人员工资指数、固定资产投资价格指数的加权平均指数 6. 矿藏勘探费：固定资产投资价格指数中的其他费用价格指数 7. 计算机软件支出：商品零售价格指数中的计算机软件类指数 8. 其他支出：固定资产投资价格指数中的其他费用价格指数	
存货变动	1. 农林牧渔业企业存货变动：农产品生产价格指数 2. 工业存货变动：工业生产者出厂价格指数 3. 建筑业存货变动：工业生产者出厂价格指数 4. 批发和零售业存货变动：商品零售价格指数	

GDP 使用核算中的需求项目	缩减法及采用的价格指数	外推法及采用的物量指数
存货变动	5. 交通运输、仓储和邮政业存货变动：商品零售价格指数 6. 住宿和餐饮业存货变动：商品零售价格指数 7. 房地产业存货变动：工业生产者出厂价格指数	
货物和服务净出口		
货物和服务出口		
货物出口	出口商品价格指数	
服务出口	出口服务价格指数③	
货物和服务进口		
货物进口	进口商品价格指数	
服务进口	进口服务价格指数④	

注：①货币金融服务缩减指数见表 5-1 注①。
　　②保险业缩减指数见表 5-1 注②。
　　③目前我国尚未编制出口服务价格指数，出口服务价格指数参照居民消费价格指数中的服务项目价格指数确定。
　　④目前我国尚未编制进口服务价格指数，进口服务价格指数参考发达国家和地区出口服务价格指数确定。
　　⑤本表根据本书第一章第四节中的不变价 GDP 核算部分整理。

第三节　对经济增速质疑的解答

一　GDP 缩减指数与居民消费价格指数（CPI）不能划等号

本章第一节已经指出，关于质疑之一需要回答的问题是：2015 年第一季度 GDP 缩减指数下降 1.1%，与同期居民消费价格上涨 1.2% 是不是存在矛盾？

从生产核算的角度看，如表 5-1 所示，中国不变价 GDP 核算使用了多种价格指数，其中包括农产品、林产品、畜产品、水产品生产价格指数，工业生产者出厂价格指数，建筑安装工程价格指数，商品零售价格指数，居民消费价格指数中的服务项目指数，等等。

2015 年第一季度，农产品生产价格总指数同比下降 0.7%，工业生产者出厂价格下降 4.6%（见图 5-1），建筑安装工程价格下降 1.4%，商品零售价格下降 0.2%，居民消费价格指数中的服务项目指数上涨 1.9%，而 GDP 缩减指数下降 1.1%，位于上述价格变动幅度之间，属于正常情况，与同期居民消费价格上涨 1.2% 并不矛盾。

从需求核算的角度看，如表 5-2 所示，中国不变价 GDP 核算也使用了多种价格指数，其中包括居民消费价格指数、建筑安装工程价格指数、设备工器具购置价格指数、出口和进口商品价格指数（见图 5-2）、农产品生产价格指数、工业生产者出厂价格指数，等等。2015 年第一季度工业生产者出厂价格指数、农产品生产价格指数、建筑安

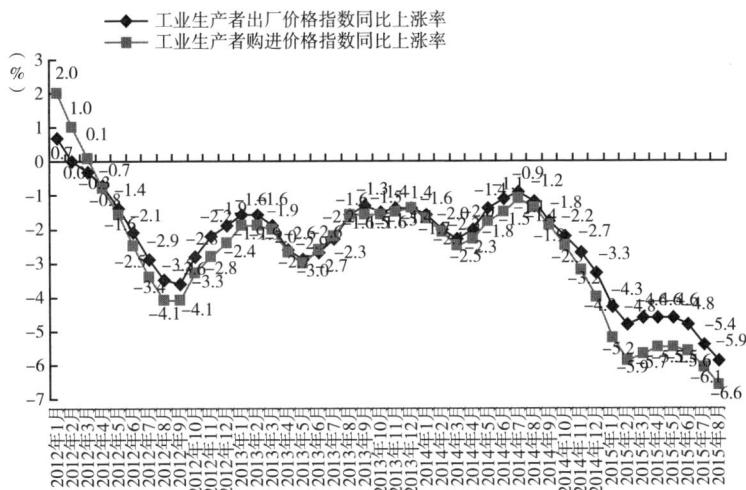

图 5-1 2012 年至 2015 年 8 月月度工业生产者价格指数上涨率

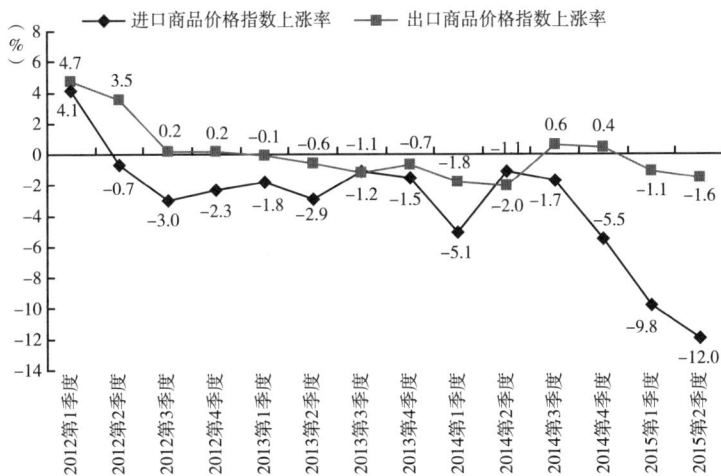

图 5-2 2012 年至 2015 年第二季度季度出口和进口商品价格指数上涨率

装工程价格指数、出口和进口商品价格指数都是下降的，GDP 缩减指数出现下降也完全属于正常情况。

二 进口价格变化已经体现在不变价 GDP 核算中，不应二次扣除

本章第一节已经指出，关于质疑之二需要回答的问题是：在不变价 GDP 生产核算中，多数行业不变价增加值计算所使用的价格指数是不是需要扣除进口价格变化？在不变价 GDP 使用核算中，多数不变价需求项目计算所使用的价格指数是不是需要扣除进口价格变化？

从图 5-3 可以看出，进口商品价格变化对工业生产者价格[1]的变化已经产生了明显的影响，这样的工业生产者价格变化是市场价格的真实变化，如果从中再扣除进口价格变化，那就不是市场价格的真实

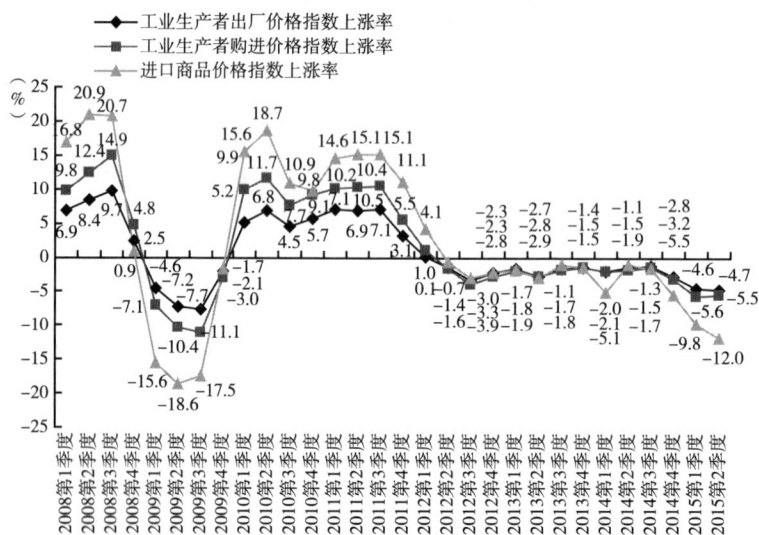

图 5-3 2008 年至 2015 年第二季度季度工业生产者出厂价格
和购进价格以及进口商品价格上涨率

---

[1] 这里的工业生产者价格包括工业生产者出厂价格和工业生产者购进价格。

变化了，所以这种扣除是没有道理的。

同时，进口价格变化对不同行业价格变化的影响是不一样的。扣除进口价格变化，要么都扣除同样的进口价格变化，这样会导致扣除的不合理性；要么采取不同的行业扣除不同的进口价格变化，但这样会导致随意性，因为每一个行业的价格变化既受到进口价格变化的影响，也受国内需求等因素的影响，把每一行业的价格变化区分为进口价格变化的影响和其他因素的影响并不是很容易的。

所以，从生产核算的角度看，说中国 GDP 缩减指数没有扣除进口价格变化，导致中国 GDP 缩减指数被低估 1~2 个百分点，进而导致实际经济增速被高估 1~2 个百分点是错误的，其提出的扣除进口价格变化是一种带有非常强的主观因素的做法，既缺乏理论依据，也缺乏可操作性。

从需求核算的角度看，从前面关于主要不变价需求项目计算方法的介绍可以看出，不变价进口利用进口价格指数进行缩减，这种计算方法实际上已经从 GDP 缩减指数中扣除了进口价格变化。

从图 5-4 可以看出，进口价格的变化对居民消费价格变化和固定资产投资价格变化已经产生了明显的影响，这样的居民消费价格变化和固定资产投资价格变化是市场价格的真实变化，如果从中再扣除进口价格变化，那就不是市场价格的真实变化了，所以这种扣除是没有道理的。

如果从居民消费价格变化和固定资产投资价格变化中扣除进口价格变化，那么带来的问题与从各行业价格变化中扣除进口价格变化是一样的，要么导致扣除的不合理性，要么导致扣除的随意性。

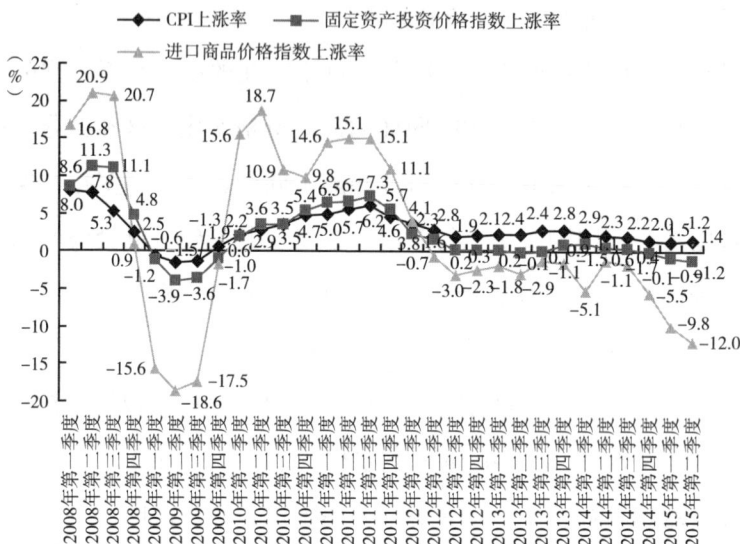

图5-4　2008年至2015年第二季度季度居民消费价格、固定资产投资价格
和进口商品价格上涨率

所以，从需求核算的角度看，说中国因没有扣除进口价格变化，导致GDP缩减指数被低估1~2个百分点，进而导致GDP实际增速被高估1~2个百分点，无论在理论方面还是从实践方面都是站不住脚的。

三　双缩法不一定优于单缩法

本章第一节已经指出，关于质疑之三需要回答的问题是：计算行业不变价增加值使用单缩法一定不如使用双缩法吗？工业不变价增加值计算使用单缩法真的导致中国2015年第一季度经济增速被高估了约0.5个百分点吗？

关于第一个需要回答的问题的答案是：统计学家早已证明，计算行业不变价增加值使用双缩法不一定优于单缩法。

从理论上讲，双缩法好于单缩法，因为双缩法考虑了总产出的价格变动与相应的中间投入的价格变动之间可能存在的差异，而单缩法忽略了两者之间可能存在的差异，双缩法是不变价增加值真值的无偏估计，而单缩法是不变价增加值真值的有偏估计。但从实践上讲，由于双缩法需要两套价格指数，即产出价格指数和中间投入价格指数，而单缩法需要一套价格指数，一般是产出价格指数，价格指数的编制无法避免地存在误差，尤其是中间投入价格指数，由于涉及的投入产品种类相对较多，误差可能相对较大。如果中间投入价格指数的编制所导致的双缩法的误差小于单缩法的偏差，则双缩法好于单缩法；而如果中间投入价格指数的编制所导致的双缩法的误差大于单缩法的偏差，则单缩法好于双缩法。因此，从理论和实践两个方面一并考虑，并不能得出双缩法一定优于单缩法的结论，除非可以保证中间投入价格指数的编制质量很高、误差很小。

关于第二个需要回答的问题的答案是：从中国 2015 年第一季度数据看，工业不变价增加值计算使用单缩法并没有导致中国经济增长速度的高估。

2015 年第一季度工业生产者出厂价格同比下降 4.6%，工业生产者购进价格下降 5.6%，工业生产者购进价格降幅大于工业生产者出厂价格降幅 1 个百分点。但是工业中间投入除了工业原材料、燃料和动力投入外，还包括交通运输服务、金融服务、保险服务、广告咨询服务、租赁服务等一系列服务投入，而第一季度居民消费价格中的服务项目价格上涨 1.9%。利用 2012 年全国投入产出表资料计算，工业中间投入中的原材料、燃料和动力投入占 86.01%，服务投入占 13.99%。反映原材料、燃料和动力投入价格变动的是工业生产者购进价格上涨率，如果利用居民消费价格中的服务项目价格上涨率作为工业中间服务投入的价格上涨率[1]，利用 2012 年投入产出表中的工业中间投入中的原材料、燃料、动力投入和服务投入占比进行加权，2015 年第一季度工业中间投入价格同比下降 4.6%，恰巧与工业生产者出厂价格降幅一致。因此，2015 年第一季度，工业中间投入价格与产出价格变动幅度基本一致的假定是成立的。所以，工业不变价增加值计算使用单缩法并没有导致中国 2015 年第一季度工业增长速度的高估，从而也就没有导致中国 2015 年第一季度经济增长速度的高估。

[1] 中国没有编制工业中间投入价格指数，尽管工业中间投入中的服务投入结构和价格变化与居民消费中的服务结构和价格变化不完全一致，但利用居民消费中的服务项目价格变化替代工业中间投入中的服务价格变化不失为一种可接受的方法。

第六章　外生冲击下统计数据的特殊表现

引　言

新冠肺炎疫情发生以来，中国和全球经济都经历了一场巨大冲击。在一系列措施的作用下，疫情在中国得到有效控制，但对经济的影响还在延续，国内需求的恢复尚需时间。准确理解中国 2020 年第一季度经济增长数据，对于正确把握新冠肺炎疫情对中国经济的冲击程度、科学制定宏观经济政策、有效推动经济恢复具有重要意义。

受疫情的冲击，中国 2020 年第一季度 GDP 同比下降 6.9%，为 1992 年国家统计局开展季度 GDP 核算以来的最低值[1]。这一数据引发社会各界广泛关注。从需求角度看，消费需求、投资需求和净出口需求全面收缩；从生产角度看，农业、工业、建筑业和服务业增加值同时下降。这一结论大体符合各机构和多数学者的预测，但也有一些学

---

[1]　如无特别说明，本章数据均来自国家统计局各渠道公开发布的统计数据。

者对经济增长数据与相关统计数据的匹配性提出质疑。产生这些质疑的原因是多方面的，但是对 GDP 构成指标与有关专业和部门统计指标之间的关系存在误解恐怕是其中非常重要的原因。本章试图从需求角度和生产角度对 2020 年第一季度经济增长数据进行解读，以期对准确理解该季经济增长数据和新冠肺炎疫情对中国经济的冲击有所帮助。

本章首先从需求角度阐述为什么有关专业和部门统计指标降幅较大，而支出法 GDP 的相应构成指标降幅较小。在消费方面，通过阐述住户调查中的全国居民人均消费支出与支出法 GDP 中的居民消费支出在居民虚拟消费支出方面的差异，解释为什么 2020 年第一季度前者降幅较大而后者降幅较小；通过阐述财政统计中的全国一般公共预算支出与支出法 GDP 中的政府消费支出之间的差异，解释为什么 2020 年第一季度前者降幅较大而后者降幅较小；通过阐述国内贸易统计中的社会消费品零售总额与支出法 GDP 中的最终消费支出在居民虚拟消费支出和政府公共服务消费支出方面的差异，解释为什么 2020 年第一季度前者大幅下降而后者降幅较小。在投资方面，通过阐述投资统计中的固定资产投资与支出法 GDP 中的资本形成总额在知识产权产品支出和存货变动方面的差异，解释为什么 2020 年第一季度前者的降幅较大而后者的降幅较小。其次从生产角度，通过阐述新兴服务业、金融业、居民自有住房服务和公共服务与有些传统服务业的不同表现，解释为什么 2020 年第一季度有些传统服务业增加值降幅较大而第三产业增加值降幅较小。

本章虽然着眼于解读 2020 年第一季度新冠肺炎疫情严重冲击期间中国经济增长数据，但基本分析方法具有一般性意义。例如，在解读为什么国内贸易统计中的社会消费品零售总额大幅下降而支出法 GDP 中的最终消费支出降幅较小时，关于两者在居民虚拟消费支出和公共服务消费支出方面差异的系统分析；在解读为什么投资统计中的固定资产投资降幅较大而支出法 GDP 中的资本形成总额降幅较小时，关于两者在知识产权产品支出和存货变动方面差异的系统分析；在解读为什么有些传统服务业增加值降幅较大而第三产业增加值降幅较小时，关于这些传统服务业与新兴服务业、金融业、居民自有住房服务和公共服务增加值具有不同走势的系统分析，都具有一般性意义，不仅适用于 2020 年第一季度新冠肺炎疫情严重冲击期间经济增长数据的解读，也适用于通常情况下经济增长数据的解读。

第一节　需求角度：相关指标表现出明显差异

支出法 GDP 由三大需求，即消费需求、投资需求和净出口需求构成[1]。消费需求称为最终消费支出，包括居民消费支出和政府消费支出；投资需求称为资本形成总额，包括固定资本形成总额和存货变动；净出口需求为货物和服务出口与货物和服务进口的差额。2020 年第一季度与 2019 年同期相比，三大需求均明显下降。其中，最终消费支出对 GDP 下降影响最大，拉动 GDP 下降 4.0 个百分点；资本形成总额

---

[1]　关于支出法 GDP 核算的详细介绍可参见本书第一章第二节和第四节。

次之，拉动 GDP 下降 1.7 个百分点；货物和服务净出口拉动 GDP 下降 1.2 个百分点，合计拉动 GDP 下降 6.9 个百点分。这一下跌幅度明显小于全国居民人均消费支出、社会消费品零售总额、固定资产投资（不含农户）和货物贸易顺差的降幅，一些学者提出质疑，认为 GDP 降幅被低估了。

一　住户调查中的全国居民人均消费支出降幅较大，但支出法 GDP 中的居民消费支出降幅较小

由于国家统计局没有公布季度支出法 GDP 的详细数据，所以数据使用者经常用住户调查中的全国居民人均消费支出增速判断支出法 GDP 中的居民消费支出增速。[1]

2020 年第一季度，住户调查中的全国居民人均名义消费支出同比下降 8.2%（见图 6-1），实际消费支出下降 12.5%[2]，名义降幅和实际降幅均较大。这些数据反映了新冠肺炎疫情对居民关于部分货物和服务消费支出产生的严重冲击，特别是其中的餐饮、旅游、文体娱乐、交通出行等市场化服务消费支出几乎停滞，除食品和药品以外的非必需品消费支出，如服装、汽车、家电等均大幅下降。

正如本书第一章第二节所阐明的，支出法 GDP 中的居民消费支出包括居民以货币形式购买的货物和服务的消费支出和虚拟消费支

---

[1]　国家统计局每个季度都公布住户调查中的全国居民人均消费支出数据。

[2]　第一季度全国居民人均实际消费支出降幅大于名义消费支出降幅是因为居民消费价格上涨 4.9%。

出。居民虚拟消费支出包括以下几种类型：一是住户以实物报酬和实物转移的形式得到的货物和服务；二是住户自己生产自己消费的货物；三是居民自有住房服务；四是金融机构向居民提供的金融中介服务和保险机构向居民提供的保险服务。[1] 住户调查中的季度全国居民人均消费支出不包括上述第二和第四类虚拟消费支出。[2] 其中，住户自己生产自己消费的货物基本不受疫情的影响；根据国家统计局公布的数据，2020 年第一季度，金融业增加值同比增长 4.9%，居民关于

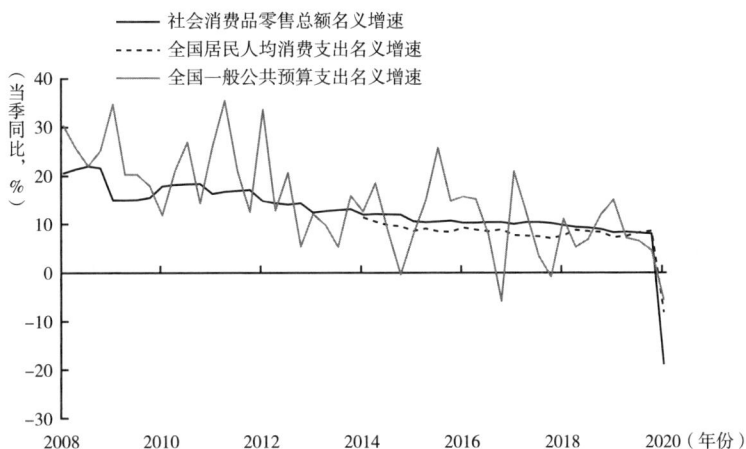

图 6-1　全国居民人均消费支出、社会消费品零售总额和全国一般公共预算
支出名义增速

数据来源：国家统计局，财政部。

---

[1]　参见本书第一章第二节中现价 GDP 核算的基本方法部分和国家统计局《中国国民经济核算体系（2016）》，中国统计出版社，2017，第 21、22 页。

[2]　季度全国居民人均消费支出与年度全国居民人均消费支出不同，后者包括住户自己生产自己消费的货物，前者不包括。参见国家统计局《国家统计调查制度（2019）》，中国统计出版社，2019，第 1860 页。

金融中介服务和保险服务消费支出保持增长[1]。因此，支出法 GDP 中的居民消费支出的降幅应小于住户调查中的全国居民人均消费支出的降幅。

二 财政统计中的全国一般公共预算支出降幅较大，但支出法 GDP 中的政府消费支出降幅较小

正如本书第一章第二节所阐明的，支出法 GDP 中的政府消费支出包括两部分，一部分是公共服务消费支出，包括国家安全和国防、行政管理、维护社会秩序和环境保护等方面的支出；另一部分是政府部门承担的个人消费货物和服务支出，包括政府在医疗卫生、养老、教育、文化娱乐和社会保障等方面的支出。[2] 由于官方没有发布季度支出法 GDP 中的政府消费支出数据，数据使用者经常用财政统计中的全国一般公共预算支出增速判断政府消费支出增速。2020 年第一季度，全国一般公共预算支出同比下降 5.7%（见图 6-1）。但是其中与公共服务消费支出相关的部分仅略有下降，与政府部门承担的个人消费货物和服务支出相关的某些部分，例如医疗卫生方面的支出是增长的。因此，政府消费支出尽管也受到全国一般公共预算收入下降和经济停滞的影响有所放缓，但整体相对稳定，政府部门正常运转，与抗击疫

---

[1] 2020 年第一季度，居民关于金融中介服务和保险服务消费支出占居民消费支出的 6.7%。（数据来源：国家统计局国民经济核算司）

[2] 参见本书第一章第二节中现价 GDP 核算的基本方法部分和国家统计局《中国国民经济核算体系（2016）》，中国统计出版社，2017，第 18 页。

情和保障民生相关的支出有所增加。所以政府消费支出的下降幅度小于全国一般公共预算支出的下降幅度。

三 社会消费品零售总额大幅下降，但支出法 GDP 中的最终消费支出降幅较小

由于官方没有发布季度支出法 GDP 中的最终消费支出增速数据，所以数据使用者经常用国内贸易统计中的社会消费品零售总额增速判断最终消费支出增速。2020 年第一季度，社会消费品零售总额大幅下降 19%（见图 6-1）。因此一些数据使用者认为最终消费支出也大幅下降。但是最终消费支出与社会消费品零售总额之间存在明显的区别。

最终消费支出包括居民消费支出和政府消费支出。如前所述，居民消费支出包括两部分，居民以货币形式购买的货物和服务的消费支出和居民虚拟消费支出；政府消费支出也包括两部分，公共服务消费支出和政府部门承担的个人消费货物和服务支出。对于居民消费支出来说，社会消费品零售总额只与居民以货币形式购买的货物和服务消费支出中的货物部分有关，与服务部分无关，与大部分居民虚拟消费支出无关[1]。如前所述，居民虚拟消费支出中包括的住户自己生产自己消费的货物基本不受疫情的影响，2020 年第一季度金融中介服务和保

---

[1] 社会消费品零售总额只与居民虚拟消费支出中包括的住户以实物报酬和实物转移的形式得到的货物和服务中经过市场销售的货物部分有关，与居民虚拟消费支出的其余部分无关。

险服务消费支出不仅没有下降反而增长，居民自有住房服务支出也基本不受疫情的影响，因此，2020 年第一季度居民虚拟消费支出受新冠疫情影响相对较小，仍然保持增长。

对于政府消费支出来说，社会消费品零售总额只与政府部门承担的个人消费货物和服务支出中的货物部分有关，与服务部分无关；与公共服务消费支出所涉及的部分商品支出有关，与其他支出无关[1]。如前所述，2020 年第一季度公共服务消费支出同比仅略有下降。

根据 2017 年数据，公共服务消费支出占政府消费支出近 90%。据测算，2018 年居民虚拟消费支出和公共服务消费支出合计占最终消费支出的近 40%[2]。居民虚拟消费支出保持增长和公共服务消费支出仅略有下降，在一定程度上减缓了新冠疫情对居民消费支出和政府消费支出的冲击。所以，尽管社会消费品零售总额大幅下降，但最终消费支出降幅相对较小。

综上所述，支出法 GDP 中的居民消费支出与住户调查中的全国居民人均消费支出、支出法 GDP 中的政府消费支出与财政统计中的全国一般公共预算支出、支出法 GDP 中的最终消费支出与国内贸易统

---

[1] 根据本书第一章第四节，政府消费支出由工资福利性支出、商品和服务性支出、固定资产折旧三个部分组成，社会消费品零售总额只与其中的商品和服务性支出中通过市场购买的部分商品有关，与其余的部分无关。

[2] 该比例根据居民虚拟消费支出占居民消费支出的比例和公共服务消费支出占政府消费支出的比例，运用 2018 年最终消费支出数据推算。其中，居民虚拟消费支出中的居民自有住房服务消费支出、居民关于金融中介服务和保险服务消费支出和居民自己生产自己消费的货物支出，分别占居民消费支出约 10%，6.7% 和 1%（数据来源：国家统计局国民经济核算司）。

计中的社会消费品零售总额在口径范围上是不同的，因而受疫情的影响也是不同的，不能简单地利用全国居民人均消费支出、全国一般公共预算支出和社会消费品零售总额的下降幅度判断居民消费支出、政府消费支出和最终消费支出的下降幅度。

四　固定资产投资大幅回落，但知识产权产品支出相对稳定且存货变动攀升

支出法 GDP 中的固定资本形成总额既包括住宅、其他建筑和构筑物，机器和设备、培育性生物资源等有形固定资本形成，也包括诸如研究与开发、计算机软件、矿藏勘探等知识产权产品支出[1]。下面我们从固定资产投资（不含农户，下同）、知识产权产品支出和规模以上工业企业产成品存货的变动情况，来分析 2020 年第一季度资本形成总额的变动。

（一）知识产权产品支出受新冠疫情影响相对较小

2020 年第一季度固定资产投资同比下降了 16.1%，下降幅度较大（见图 6-2）。固定资本形成总额是对固定资产投资进行补充和调整计算出来的，一是扣除固定资产投资中的土地购置费，旧建筑和旧设备购置费；二是补充计算 500 万元以下建设项目的固定资产投资；三是补充计算商品房销售增值；四是补充计算知识产权产品支出。[2]考虑

---

[1]　参见本书第一章第二节现价 GDP 核算的基本方法部分。

[2]　参见本书第一章第四节现价 GDP 使用核算部分。

到经济下降期间，前三项大体与固定资产投资同向变动，调整后不会对固定资本形成总额增速产生大的影响。但知识产权产品支出部分在新冠疫情期间所受到的影响小于有形固定资本形成，例如疫情期间，研究与开发支出受到的影响相对较小，计算机软件支出可能会有所增加，对固定资本形成总额下降有一定的减缓作用。因此，从这一点看，固定资本形成总额的下降幅度应略小于固定资产投资下降幅度。

（二）存货变动攀升

作为支出法 GDP 构成项目的存货变动，等于期末存货与期初存货的差额，可以是正值，也可以是负值。当存货变动为正值时，表示当期的存货增加；当存货变动为负值时，表示当期的存货减少。虽然存货变动占名义 GDP 的比重不到 1%，占资本形成总额的比重约为 2%，但其波动幅度较大时，也会对资本形成总额增速产生一定影响。由于缺乏有关存货变动统计数据，我们通过规模以上工业企业产成品存货变化观察 2020 年第一季度存货变动情况。2020 年第一季度末，规模以上工业企业产成品存货比 2019 年末增加 545.9 亿元，与 2019 年同期规模以上工业产成品存货下降 4305 亿元相比，存货变动同比增加了 4850.9 亿元，增幅达 112.7%（见图 6-2）。这反映了疫情期间物流被阻断、生产停滞，使得中上游的钢铁、水泥、煤炭和化工等行业库存大量积压。

综合来看，2020 年第一季度固定资产投资受疫情影响大幅下降，但相对稳定的知识产权产品支出和大幅攀升的存货变动使得支出法 GDP 核算中的资本形成总额的下降幅度小于固定资产投资下降幅度。

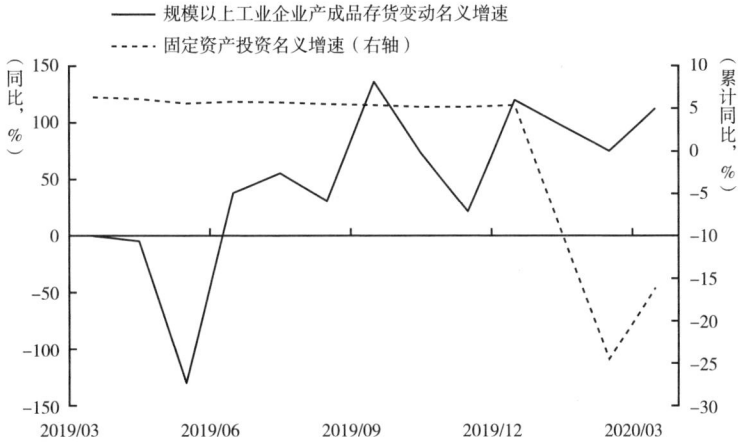

图6-2 固定资产投资和规模以上工业企业产成品存货变动名义增速

数据来源：国家统计局。

五 货物贸易顺差大幅下降，但服务贸易逆差明显收窄

长期以来，中国货物贸易保持顺差，服务贸易保持逆差。与货物贸易相比，服务贸易规模较小。2019年以前，服务贸易逆差处于不断扩大的趋势；受疫情的影响，2020年第一季度中国对外贸易形势出现了一些新的变化。

海关统计数据显示，2020年第一季度我国货物出口同比下降11.4%，货物进口下降0.7%，货物贸易顺差减少80.6%，这是自2012年第一季度以来季度货物贸易顺差的最大降幅。考虑到2020年第一季度进出口商品价格回落，尤其是大宗商品价格大幅下降，支出法GDP中的实际货物净出口的降幅或小于海关数据显示的名义货物贸易顺差的降幅。

服务贸易统计数据来自国家外汇管理局公布的国际收支平衡表（BOP）。旅行是服务贸易的最大进口项和最大逆差项。2019 年 BOP 显示，旅行贡献了 50% 以上的服务贸易进口和 83.7% 的服务贸易逆差。疫情期间，出境游几乎停滞，这使得 2020 年第一季度的服务贸易逆差明显收窄。

综合来看，2020 年第一季度净出口需求的下降主要受货物贸易顺差大幅下降的拖累，但服务贸易逆差的明显收窄和进出口环节价格的回落使得支出法 GDP 中的实际净出口降幅小于名义货物贸易顺差降幅。

第二节　生产角度：服务业内部呈现分化走势

目前，国家统计局只公布季度 GDP 生产核算详细数据，因此从三次产业和分行业增加值的角度分析经济增长更加直接[1]。分三次产业看，2020 年第一季度经济下降是三次产业增加值共同下降的结果。第一产业增加值同比下降 3.1%，主要是畜牧业造成的，而种植业相对稳定，由于其占 GDP 的比重只有 5.0%，对经济整体下降影响有限。第二产业增加值下降 9.7%，占 GDP 的比重达到 35.3%，是导致经济下降的主要因素。其中，工业增加值同比下降 8.5%，与规模以上工业增加值下降 8.4% 基本吻合；建筑业增加值同比下降 18.2%，与建筑业

---

[1]　关于 GDP 生产核算参见本书第一章第三节。

总产值的下降基本一致。第三产业增加值同比下降 5.4%，低于第二产业增加值降幅，同时第三产业增加值占 GDP 的比重 59.7%，在一定程度上缓冲了第二产业大幅下降的影响。但第三产业增加值的降幅远小于一些传统服务业增加值降幅[1]，与同期用电量变动数据似乎也存在不匹配的现象。仔细分析第三产业的构成，发现这些不协调主要受到新兴服务业、金融业、居民自有住房服务和公共服务业的影响。

一　一些传统服务业增加值大幅下降

批发和零售业，交通运输、仓储和邮政业，住宿和餐饮业以及租赁和商务服务业增加值合计占 2020 年第一季度服务业增加值的比重约为 30%，上述行业同比分别下降 17.5%，13.6%，39.5% 和 6.7%，导致 2020 年第一季度服务业增加值下降 6.0 个百分点左右。其中，与铁路、公路和航空运输量近乎腰斩相比，交通运输、仓储和邮政业增加值下跌幅度相对较小，主要是由于快递业务保持增长，一定程度上减缓了交通运输、仓储和邮政业增加值的下降幅度。2020 年第一季度，全国快递服务企业业务量累计完成 125.3 亿件，同比增长 3.2%。同时，第一季度实物商品网上零售保持了 5.9% 的增长，减缓了批发和零售业的下降幅度。

---

[1]　本节中，一些传统服务业主要指批发和零售业，交通运输、仓储和邮政业，住宿和餐饮业、租赁和商务服务业等行业。

二 新兴服务业增加值保持较快增长

信息传输、软件和信息技术服务业是新兴服务业的重要组成部分，其增加值占 2020 年第一季度服务业增加值的 7.5%，同比增长 14.6%。虽然受疫情影响比上季度 18.6% 的增速回落了 4.0 个百分点，但仍然是所有行业中增长最快的，拉动第一季度服务业增加值增长 1 个多百分点。信息传输、软件和信息技术服务业在疫情期间表现活跃，一方面反映新经济新动能持续增长，对传统经济形成补充和替代；另一方面也受到价格回落的影响。近年来，网络和电信服务价格持续下降，使得该行业增加值的实际增速高于名义增速。

三 金融业和居民自有住房服务增加值保持增长

居民自有住房服务包括在房地产业中，其增加值约占房地产业增加值的 50%，按此计算 2020 年第一季度占服务业增加值的 6.2%；而 2020 年第一季度金融业增加值占服务业增加值的 17.1%。两者合计占服务业增加值的 23.3%，这两部分服务业增加值在 2020 年第一季度保持正增长。

为应对新冠肺炎疫情的冲击，2020 年 2 月初以后国家不断加大货币投放力度，增加小微企业贷款。2020 年第一季度新增贷款达 7.1 万亿元，同比增长 22.3%；新增存款 8 万亿元，增长 27.3%。存贷款的大幅增长直接推升了金融中介服务增加值，加上保险服务保持增长，以及股票成交量增长 46.7%，2020 年第一季度金融业增加值同比增长

4.9%，拉动服务业增加值增长 1 个百分点左右。由于居民自有住房服务不受疫情影响，一定程度上对冲了商品房销售额下降24.7%的影响，使得 2020 年第一季度房地产业增加值仅下降 7.6%。

四　政府部门提供的公共服务增加值保持相对稳定

2020 年第一季度，其他服务业增加值占服务业增加值的 32.6%，同比仅降 2.0%。其他服务业可以划分为两部分，一是政府部门提供的公共服务，二是市场化服务。2020 年第一季度，市场化服务遭受疫情重创，但政府部门提供的公共服务增加值保持相对稳定，减缓了其他服务业增加值的下降幅度。

2020 年第一季度，政府部门提供的公共服务增加值受新冠疫情影响较小，主要有两方面的原因：一是政府部门增加了应对疫情的相关公共服务；二是与公共服务的特点及其增加值核算方法有关。由于不存在市场价格，公共服务增加值采用成本法核算，即由劳动者报酬、生产税净额和固定资产折旧三个构成项目相加。公共服务增加值中的固定资产折旧是对固定资产在使用过程中价值损耗进行的虚拟计算，在实体存续期间连续发生，基本不受业务状况的影响；公共服务增加值中的生产税净额较少，可忽略不计；影响增加值变化的主要是劳动者报酬。疫情期间，参与抗疫的公共服务人员增加。因此，公共服务增加值中的劳动者报酬受疫情的影响较小。

因此，从分行业数据来看，2020 年第一季度服务业增加值的下降，主要是受到新冠疫情严重冲击的一些传统服务业的大幅下降导致的，而新兴服务业、金融业、居民自有住房服务以及政府部门提供的公共服务增加值逆势增长或保持相对稳定，在一定程度上起到了缓冲的作用。

第三节　用电量：与增加值增速不匹配的三个原因

长期以来，用电量被作为衡量经济活动的重要指标。2020 年第一季度第二产业和第三产业用电量同比分别下降 8.3% 和 8.8%，增速比上年全年分别回落 11.9 和 17.8 个百分点，第三产业用电量增速回落幅度明显大于第二产业。同期，第三产业增加值同比增速比上年全年回落 12.6 个百分点至 –5.4%，而第二产业增加值同比增速比上年全年回落 14.6 个百分点至 –9.7%。无论是下降幅度还是增速回落幅度，第三产业增加值都小于第二产业，这与第三产业用电量的表现弱于第二产业似乎不匹配。

这一不匹配现象与以下几个因素有关。

一　用电量变动趋势与增加值变动趋势并非完全一致

单位增加值对应的用电量在不同行业、不同季节、不同地区都有可能不同，因而简单地通过用电量变动数据来推断增加值变动，可能存在偏误。事实上，从历史数据来看，第二产业、第三产业用电量波动幅度明显大于相应产业增加值波动幅度（见图 6-3），特别是 2020 年第一季度受疫情的严重冲击，用电量增速与增加值增速的关系更加不稳定，通过用电量增速来判断增加值增速更需要谨慎。

2020 年第一季度第二产业用电量降幅低于第三产业，部分原因是

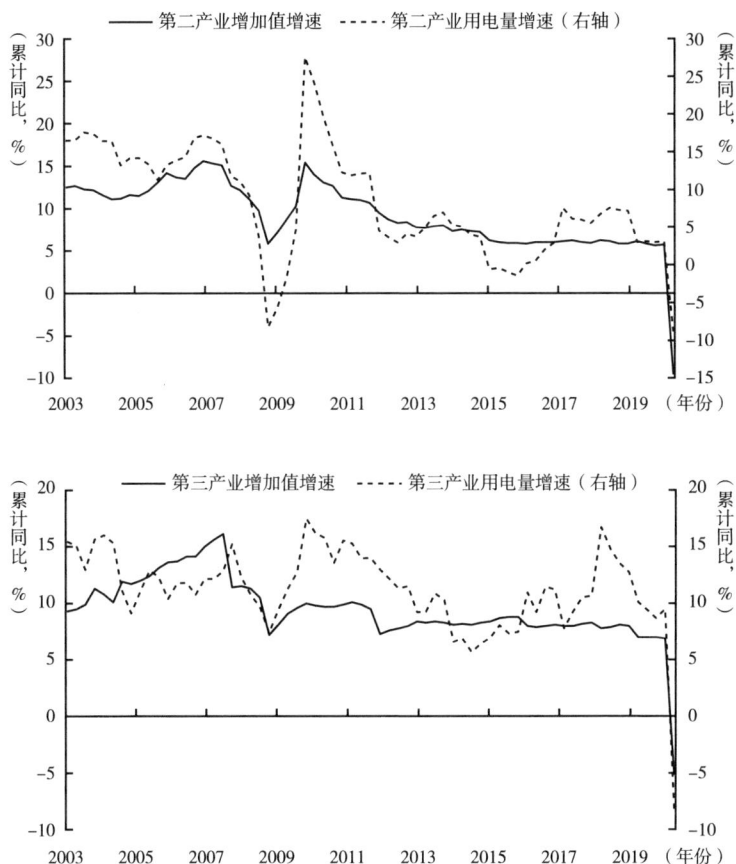

图6-3　第二、第三产业增加值增速与用电量增速之间的关系

数据来源：国家统计局。

疫情冲击下工业行业结构的变化。耗电量较高的重工业劳动力需求量较小，因而受疫情冲击相对较小，导致用电量下降幅度低于增加值下降幅度。2020年第一季度工业增加值较2019年全年降幅最小的几个行业分别为烟草制造业、采矿业、医药、钢铁业和化学原料及化学制品业，除医药降幅较小是受疫情冲击导致需求增加之外，其余几个行业都是对劳

动力需求比较少，因而受疫情冲击较为有限的行业（见表6-1）。从高频数据来看，采矿、钢铁和化工等用电量需求大的上游重工业在疫情期间产能利用率下降幅度均较为有限，因而工业增加值下降幅度不大，对电力需求影响较小。而工业增加值降幅较大的仪器仪表、家具、皮革羽毛制品、文体用品等劳动密集型行业，对电力的消耗相对于重工业较小。

表6-1　工业分行业增加值变化

单位：%，百分点

行业	2019	2020Q1	2020Q1较2019变化		2019年	2020Q1	2020Q1较2019变化
汽车	1.8	−26.0	−27.8	化学纤维	11.9	−6.9	−18.8
仪器仪表	10.5	−16.1	−26.6	纺织业	1.3	−16.8	−18.1
其他	2.7	−22	−24.7	废弃资源综合利用业	13.1	−2.4	−15.5
电气机械及器材	10.7	−12.9	−23.6	木材加工及木、竹、藤、棕、草制品业	2.2	−12.9	−15.1
金属制品、机械和设备修理业	13.9	−8.8	−22.7	造纸及纸制品业	4.2	−10.2	−14.4
家具	2.5	−20.1	−22.6	食品	5.3	−7.9	−13.2
非金属矿物制品业	8.9	−13.7	−22.6	石油、煤炭及其他燃料加工业	5.0	−8.1	−13.1
皮革、毛皮、羽毛及其制品和制鞋业	2.1	−20.3	−22.4	农副食品加工业	1.9	−11.1	−13.0
文教、工美、体育和娱乐用品	1.1	−21.2	−22.3	有色金属冶炼及压延加工业	9.2	−3.8	−13.0
通用设备	4.3	−17.2	−21.5	电力、燃气及水的生产和供应业	7.0	−5.2	−12.2
铁路、船舶、航空航天和其他运输设备	7.4	−13.7	−21.1	计算机、通信和其他电子设备	9.3	−2.8	−12.1

续表

行业	2019	2020Q1	2020Q1较2019变化		2019年	2020Q1	2020Q1较2019变化
橡胶和塑料制品业	4.8	−16.2	−21.0	化学原料及化学制品	4.7	−6.8	−11.5
酒、饮料和精制茶	6.2	−14.7	−20.9	钢铁业	9.9	0.5	−9.4
金属制品业	5.8	−15.0	−20.8	医药	6.6	−2.3	−8.9
纺织服装、服饰业	0.9	−19.7	−20.6	采矿业	5.0	−1.7	−6.7
专用设备	6.9	−13.5	−20.4	烟草制品业	5.2	9.6	4.4
印刷和记录媒介的复制业	2.5	−17.3	−19.8				

数据来源：国家统计局。

二　受新冠肺炎疫情冲击，第三产业用电量降幅高于增加值降幅

第三产业用电量增速与增加值增速并不完全一致，这一点在疫情冲击之下表现得尤其明显。例如，2020 年第一季度增速相对稳定的金融业增加值同比增长 4.9%，但用电量同比下降 11.8%，增速比 2020 年 4 季度下跌 17.7 个百分点，背后是在疫情冲击下银行、券商等网点营业量不足，因而用电量下降。但同时，企业和居民线上存贷、线上股票交易增加，使得金融业增加值逆势增长。又如，教育、文化、体育和娱乐业用电量在 2020 年 3 月同比大跌 44.0%，但由于教育行业整体上非市场化服务的属性，其增加值在疫情期间受影响有限。

三　第三产业用电量降幅较大与部分服务业用电转化为居民用电有关

2020年第一季度第三产业用电量同比下降8.8%，特别是3月第三产业用电量同比下降19.8%，降幅甚至较2月扩大9.7个百分点。但居民用电表现较强，2020年第一季度同比增长3.5%，仅比2019年全年回落2.2个百分点。特别是乡村居民生活用电量，2020年3月同比增速攀升至12.4%，增速较2019年12月提升了5.6个百分点。（见图6-4）疫情冲击下部分服务业活动转移到线上，导致居民用电量上升而第三产业用电量下降。这并不是由于第三产业部分经济活动消失，而是经济活动的用电主体由第三产业企业转移到居民部门，因而导致第三产业用电量跌幅较大，而居民用电上涨。徐奇渊的研究指出[1]，线上办公、线上上课这些形式，将部分服务业用电转化为居民用电。例如，开学延迟、部分文化活动取消或转到线上，导致教育、文化、体育和娱乐业用电量在2020年3月同比大跌44.0%，增速较2019年12月下降54.3个百分点，降幅较2020年2月扩大25.9个百分点。

因此，简单地根据用电量的变化来判断第二产业和第三产业增加值的变动并不合理。需要看到疫情对劳动密集型行业冲击较大，而对重工业冲击较小，导致工业结构变化并提升工业单位增加值用电量的

---

[1]　徐奇渊:《解读GDP同比降6.8%，中国第一季度经济数据的两大困惑》,《财经》2020年4月。

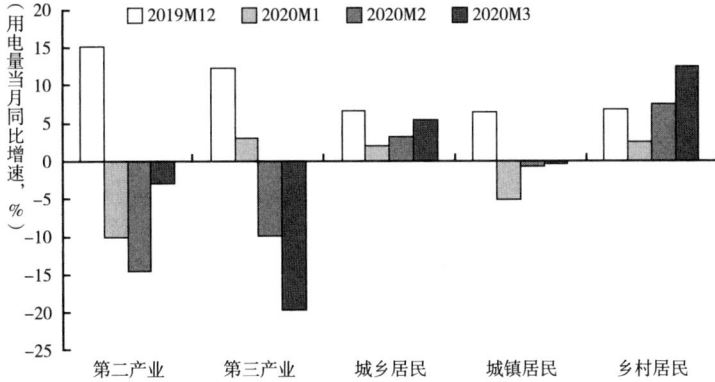

图6-4 2019年12月至2020年3月第三产业与居民用电量同比增速
数据来源：国家统计局，Wind。

情况，以及疫情冲击之下第三产业经济活动向线上转移，进而导致用电主体由第三产业企业转移到居民部门，导致第三产业用电量下降但增加值受影响较小的情况。这些因素都使得增加值降幅小于用电量降幅。

主要结论

2020年第一季度，新冠肺炎疫情对中国经济造成严重冲击，社会上对官方发布的GDP增速数据存在一些质疑。本章针对其中部分质疑进行了研究和解答。

研究表明，从需求角度看，居民市场化消费支出的萎缩是导致2020年第一季度消费需求下降的主要因素；居民虚拟消费支出保持增长和公共服务消费支出仅略有下降，在一定程度上减缓了疫情对消费需求的影响。固定资产投资受疫情影响大幅下降，但相对稳定的知识产权产品支出和大幅攀升的存货变动使得 2020 年第一季度投资需求的下降幅度小于固定资产投资下降幅度。2020 年第一季度净出口需求的下降主要受货物贸易顺差大幅下降的拖累，但服务贸易逆差的明显收窄和进出口环节价格的回落或使得净出口需求降幅小于名义货物贸易顺差降幅。因此，简单用全国居民人均消费支出、社会消费品零售总额、固定资产投资以及货物贸易顺差的下降幅度判断 2020 年第一季度 GDP 降幅数据会产生较大的偏差。

从生产角度看，2020 年第一季度，疫情对一些传统服务业产生严重冲击，但信息传输、软件和信息技术服务业等新兴服务业增加值保持较快增长，金融业增加值和居民自有住房服务增加值保持增长，政府部门提供的公共服务增加值保持相对稳定，一定程度上减缓了新冠疫情对服务业的冲击。受疫情的影响，用电量增速与经济增速之间的关联性下降。

今后应进一步丰富和细化有关统计指标数据的发布，进一步加强统计数据的解读工作，为经济运行分析和监测提供更多统计信息，减少社会上对统计数据的质疑。

第 三 篇

分析应用篇

第七章　2020 年的经济冲击与恢复

上一章针对关于 2020 年第一季度新冠肺炎疫情冲击下经济数据的质疑进行了解析，本章分别从生产、需求、收入和价格角度分析新冠疫情对 2020 年第一季度中国经济的严重冲击和 2020 年后三个季度中国经济的恢复状况。

第一节　从生产、需求、收入、价格角度看冲击

一　从生产角度看疫情对 2020 年第一季度中国经济的严重冲击

从生产角度看疫情对 2020 年第一季度中国经济的严重冲击，就是利用 GDP 及其三次产业增加值和行业增加值分析新冠肺炎疫情对 2020 年第一季度中国经济造成的严重影响。

从生产角度看，疫情对 2020 年第一季度中国经济的严重冲击主要表现在以下五个方面。

一是受疫情的冲击，中国经济增速大幅下跌。2020 年第一季度，中国经济同比下降 6.9%，这是 1992 年建立季度 GDP 核算制度以来中国经济首次出现季度负增长，增速比 2019 年同期跌落了 13.2 个百分点，跌落幅度远超过 1997 年亚洲金融危机和 2008 年国际金融危机对中国经济增速的冲击。1997 年爆发的亚洲金融危机对中国 1998 年第二季度经济增速的冲击最大，增长 6.9%，比 1997 年同期回落 3.1 个百分点。2008 年爆发的国际金融危机对中国 2009 年第一季度经济增速的冲击最大，增长 6.4%，比 2008 年同期回落 5.1 个百分点。新中国成立以来，只有两个时期，共 5 个年度经济是下降的，分别是：三年自然灾害时期的 1961 年和灾害之后的 1962 年，经济分别下降 27.3% 和 5.6%；"文化大革命"时期的 1967 年、1968 年和 1976 年，经济分别下降 5.7%、4.1% 和 1.6%。从历史上看，新冠肺炎疫情对中国经济的冲击的确是非常严重的。

二是受疫情的冲击，三次产业增加值同时下降。2020 年第一季度，第一产业增加值同比下降 3.1%，第二产业增加值下降 9.7%，第三产业增加值下降 5.4%（见图 7-1）。第二产业增加值降幅最大，对经济下降的影响也最大。

三是疫情对第二产业中的制造业和建筑业的冲击突出。2020 年第一季度，受新冠疫情冲击，制造业和建筑业增加值分别下降 10.1% 和 18.2%，增速比上年同期分别回落 15.4 和 24.0 个百分点。制造业供应链条长，生产严重依赖物流及线下生产，2020 年第一季度，疫情防控

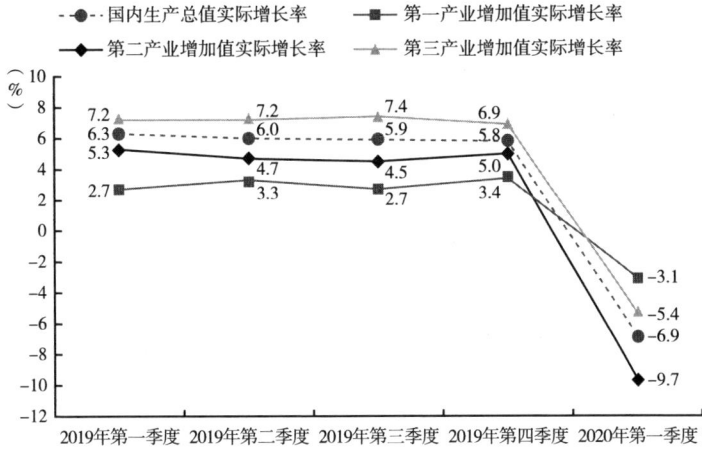

图 7-1　2019 年至 2020 年第一季度国内生产总值实际增长率

需要限制了物资和人口的流动，导致制造业原材料短缺、工人返工困难；建筑业同样因人员流动的管控，农民工无法返回工程项目施工，工程进度受到较大影响，部分项目招标工作也因新冠疫情推迟。制造业和建筑业增加值的大幅下降导致第二产业增加值明显下降，对经济下降产生重要影响。

四是疫情对第三产业中的批发和零售业，交通运输、仓储和邮政业，住宿和餐饮业的冲击突出。2020 年第一季度，批发和零售业增加值同比下降 17.5%，交通运输、仓储和邮政业增加值下降 13.6%，住宿和餐饮业增加值下降 39.5%，均表现为两位数下降，增速分别比 2019 年同期回落 23.2、20.4 和 44.7 个百分点。其中住宿和餐饮业增加值降幅和回落幅度最大。2020 年第一季度，居民大幅减少外出购物与就餐，导致批发和零售业及住宿和餐饮业增加值大幅下降。疫情防控限制人口和货物流动，导致交通运输、仓储和邮政业受到严重冲

161

击。然而，应对新冠肺炎疫情、支持经济恢复和发展的政策一定程度上减缓了上述行业的影响，使第三产业增加值没有大幅度下降。灵活的货币政策和及时调整的信贷政策使 2020 年第一季度金融业增加值实现正增长，同比增长 4.9%。为应对疫情，2020 年第一季度国家用于卫生防疫、医院及基层医疗卫生组织等方面的支出达 1372 亿元，促进了公共管理、卫生和社会工作等行业增加值的增长。

五是疫情对第一产业中的畜牧业的冲击突出。2020 年第一季度，受新冠肺炎疫情和非洲猪瘟疫情持续影响叠加冲击，猪牛羊禽出栏减少，导致畜牧业总产值下降 10.6%，是第一产业增加值比 2019 年同期下降的主要原因。

二 从需求角度看疫情对 2020 年第一季度中国经济的严重冲击

从需求角度看疫情对 2020 年第一季度中国经济的严重冲击，就是利用支出法 GDP 中的消费需求、投资需求和净出口需求分析疫情的严重影响。

从需求角度看，受疫情冲击，2020 年第一季度消费需求、投资需求和净出口需求均明显下降，共同拉动整体经济下降。其中，消费需求拉动经济下降 4.0 个百分点；投资需求拉动经济下降 1.7 个百分点；净出口需求拉动经济下降 1.2 个百分点。

（一）消费需求明显下降，对经济下降起主要拉动作用

在支出法 GDP 中，消费需求称为最终消费支出，包括居民消费

支出和政府消费支出。根据国家统计局住户调查数据，2020 年第一季度，全国居民人均现金消费支出[1] 名义下降 8.2%，实际下降 12.5%，增速比 2019 年同期分别回落了 15.5 个百分点和 17.9 个百分点（见图 7-2）。除居民人均食品烟酒消费支出及人均居住消费支出均表现出 2.1% 的小幅增长外，其余类别消费支出均呈下降走势。这表明支出法 GDP 中居民消费支出明显下降。2020 年第一季度，全国一般公共预算支出下降 5.7%（见图 7-3），由于政府加大疫情防控支出，与政府消费支出相关的医疗卫生支出是增长的，公共服务支出、教育支出等仅略有下降。因此，2020 年第一季度，政府消费支出比 2019 年同期略有

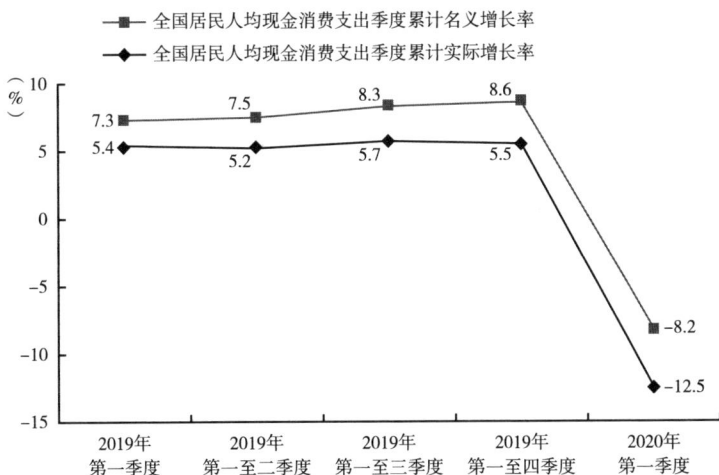

图 7-2 2019 年至 2020 年第一季度全国居民人均现金消费支出累计名义和实际增长率

---

[1] 住户调查中的居民消费支出与支出法 GDP 中的居民消费支出在口径范围上是有区别的（见本书第一章第四节），但到目前为止，两者在口径上是最接近的指标，变化趋势基本一致。但 2020 年第一季度，支出法 GDP 中的居民消费支出的下降幅度小于全国居民人均现金消费支出的下降幅度，参见本书第六章第一节。

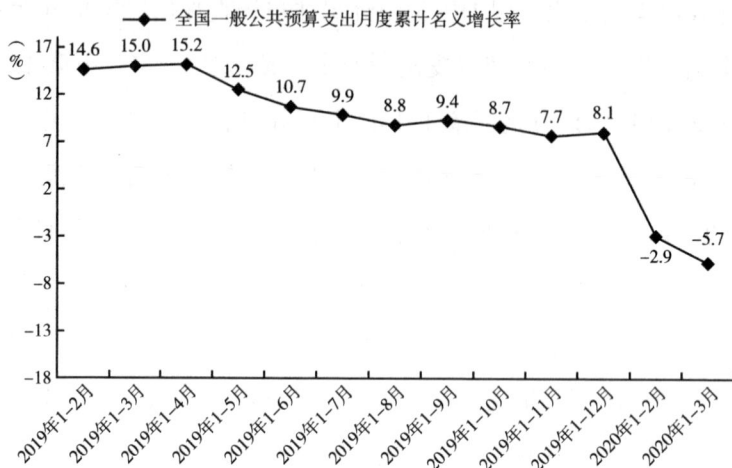

图 7-3　2019 年至 2020 年第一季度全国一般公共预算支出月度累计名义增长率

下降。居民消费支出和政府消费支出的上述表现导致消费需求同比明显下降。

（二）投资需求明显下降，对经济下降起重要拉动作用

在支出法 GDP 中，投资需求称为资本形成总额，包括固定资本形成总额和存货变动，其中以固定资本形成总额为主。2020 年第一季度，受疫情冲击，固定资产投资（不含农户，下同）[1]同比下降 16.1%，增速比 2019 年同期回落 22.4 个百分点。从三次产业看，第一产业投资同比下降 13.8%，第二产业投资下降 21.9%，第三产业投资下降 13.5%，增速比 2019 年同期分别回落 16.8、26.1 和 21.0 个百分点。

---

[1]　固定资产投资与固定资本形成总额在口径范围、资料来源和数据表现上并不一致（参见许宪春《中国国民经济核算中的若干重要指标与有关统计指标的比较》，《世界经济》2014 年第 3 期，第 145~159 页），但在增速上往往呈现出同样的走势，本章运用固定资产投资增速走势判断固定资本形成总额增速走势。

在三次产业中，第二产业投资下降幅度最大，对固定资产投资下降的拉动作用最大。

从投资主体看，2020 年第一季度民间投资同比下降 18.8%，国有控股投资下降 12.8%，增速分别比 2019 年同期回落 25.2 和 19.5 个百分点。国有控股投资抗风险能力较强，受疫情冲击相对较小，而民间投资抗风险能力较弱，受疫情冲击较大。民间投资的大幅下降对固定资产投资形成了向下拉动作用，国有控股投资对固定资产投资的下降起到了抑制作用。

从投资领域看，制造业、基础设施和房地产开发三大领域投资在固定资产投资中占有 70% 左右的份额，对固定资产投资走势产生重要影响。2020 年第一季度，制造业投资同比下降 25.2%，基础设施投资下降 19.7%，房地产开发投资下降 7.7%（见图 7-4）。其中，制造业投资下降幅度最大，对固定资产投资下降的拉动作用最大；房地产

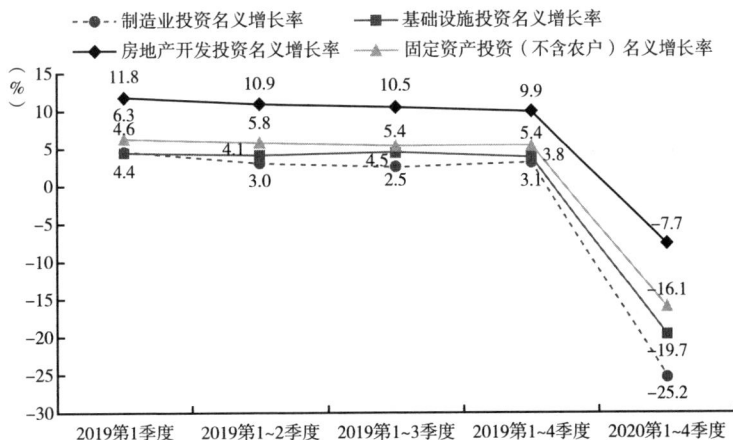

图 7-4　2019 年至 2020 年第一季度分行业固定资产投资累计名义增长率

开发投资降幅最小，对固定资产投资的下降起到抑制作用。受疫情影响，劳动力流动受到限制，物流也几乎处于停滞状态，施工受阻，是导致制造业投资、基础设置投资和房地产开发投资下降的主要原因。

2020 年第一季度，固定资产投资显著下降决定了固定资本形成总额显著下降，从而决定了投资需求明显下降，但降幅小于固定资产投资降幅。[1]

（三）净出口需求明显下降，对经济下降起重要拉动作用

在支出法 GDP 中，净出口需求称为货物和服务净出口，即货物和服务出口与进口的差额。据海关统计，2020 年第一季度中国货物出口同比下降 11.4%，进口下降 0.7%，货物贸易顺差减少 80.6%，是拉动净出口需求下降的主要因素。1~2 月，服务出口下降 6.0%，进口下降 14.6%，服务贸易逆差明显缩小，减缓了货物贸易顺差的大幅减少对净出口需求的影响。同时，服务贸易结构有所改善。其中，知识密集型服务贸易表现出较强抗冲击能力，1~2 月，其进出口额同比增长 1.0%，占服务贸易总额的比重较上年同期提升 4.7 个百分点。

三　从收入角度看疫情对 2020 年第一季度中国经济的严重冲击

从收入角度看疫情对 2020 年第一季度中国经济的严重冲击，就是

---

[1] 2020 年第一季度，疫情导致物流被阻断、生产停滞，中上游的钢铁、水泥、煤炭和化工等行业库存大量积压，从而存货变动同比攀升。同时，知识产权产品支出相对稳定。两个方面的因素对投资需求的降幅起到一定的减缓作用。参见本书第六章第一节。

从三大经济主体，即居民、企业和政府的可支配收入指标的变动情况分析新冠疫情对 2020 年第一季度中国经济的严重影响。

在中国，居民、企业和政府可支配收入指标是资金流量核算提供的。由于中国仅开展了年度资金流量核算，没有开展季度资金流量核算，所以无法取得上述三大经济主体 2020 年第一季度的可支配收入数据，因此这里利用可以获得数据的统计指标做替代分析，即分别利用住户调查中的全国居民人均可支配收入代替资金流量核算中的居民可支配收入，利用工业统计中的规模以上工业企业利润总额代替资金流量核算中的企业可支配收入，利用财政统计中的全国一般公共预算收入代替资金流量核算中的政府可支配收入，从收入角度开展分析。

从收入角度看，疫情对 2020 年第一季度中国经济造成的严重冲击主要表现在以下三个方面：一是全国居民人均可支配收入名义增速明显回落，实际增速为负；二是规模以上工业企业利润总额显著下降；三是全国一般公共预算收入明显下降。

（一）全国居民人均可支配收入名义增速明显回落，实际增速为负

2020 年第一季度，全国居民人均可支配收入同比名义增长 0.8%，增速比 2019 年同期回落 7.9 个百分点；扣除价格因素，实际下降 3.9%，增速比 2019 年同期回落 10.7 个百分点（见图 7-5）。分城乡看，城镇居民人均可支配收入实际下降 3.9%，增速比 2019 年同期回落 11.8 个百分点，农村居民人均可支配收入实际下降 4.7%，增速比 2019 年同期回落 11.6 个百分点。从收入来源看，经营净收入下降是全国居民人均可支配收入实际下降的主要原因。2020 年第一季度，生产经营活动受到疫情严重冲击，企业复工延缓，经营净收入同比下降

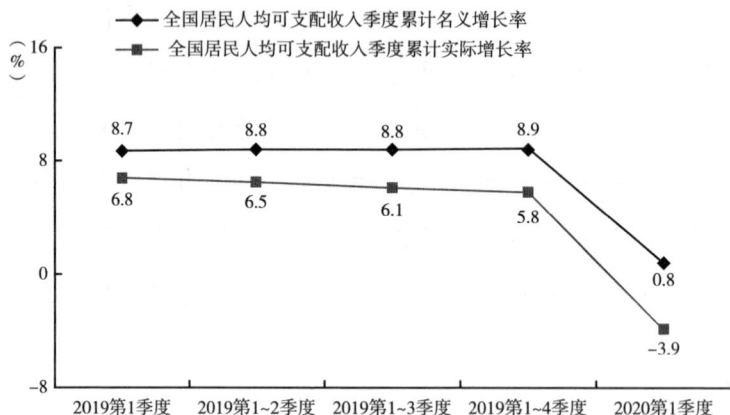

图 7-5　2019 年至 2020 年第一季度全国居民人均可支配收入季度累计名义
与实际增长率

7.3%。工资性收入保持基本稳定，缓解了疫情给居民人均可支配收入带来的部分影响[1]。2020 年第一季度，工资性收入同比增长 1.2%。政府转移支付上升，提高了居民转移净收入，有效保证了低收入群体的基本生活。2020 年第一季度，居民转移净收入同比增长 6.8%，增速较快。总体来看，受疫情冲击，全国居民人均可支配收入名义增速比 2019 年同期明显回落，实际增速由正转负。

（二）规模以上工业企业利润总额显著下降

2020 年第一季度，规模以上工业企业利润总额同比下降 36.7%，与 2019 年同期相比，降幅扩大 33.4 个百分点。2019 年规模以上工业企业利润总额持续负增长，但降幅较小，总体稳定（见图 7-6）。2020 年第一季度，许多规模以上工业企业生产销售受到疫情的严重冲

[1]　参见方晓丹《疫情影响下居民基本生活得到有效保障》，国家统计局网站，2020 年 4 月 19 日。

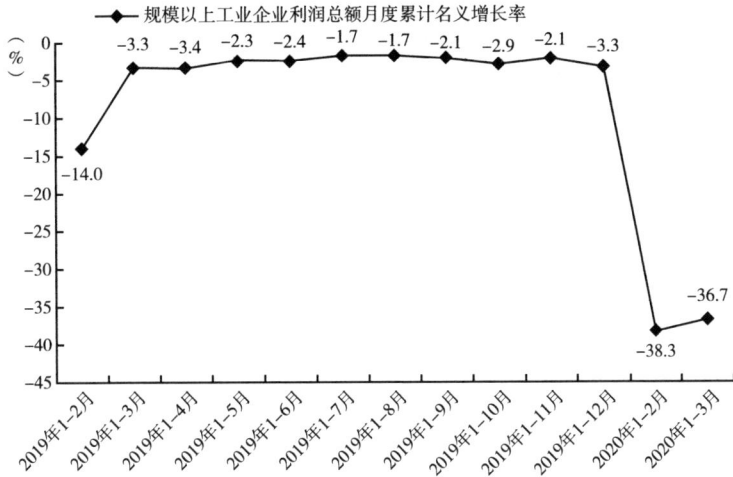

图 7-6　2019 年至 2020 年第一季度规模以上工业企业利润总额月度累计名义增长率

击，工业生产者出厂价格同比下降，加之用工成本和折旧费用的刚性支出，导致利润总额显著下降。但随着复工复产的推进，3月，规模以上工业企业利润总额同比下降34.9%，降幅比1~2月收窄3.4个百分点。3月，41个工业大类中，28个行业利润降幅比1~2月收窄或增速加快，其中有8个行业利润实现正增长。[1]

（三）全国一般公共预算收入明显下降

2020年第一季度，受疫情冲击，全国一般公共预算收入同比下降14.3%，增速比2019年同期回落20.5个百分点（见图7-7）。税收收入的下降是全国一般公共预算收入下降的主要原因。2020年第一季度，全国税收收入同比下降16.4%；非税收入同比增长0.1%。全国税收收

---

[1]　参见张卫华《3月工业企业利润降幅收窄》，国家统计局网站，2020年4月27日。

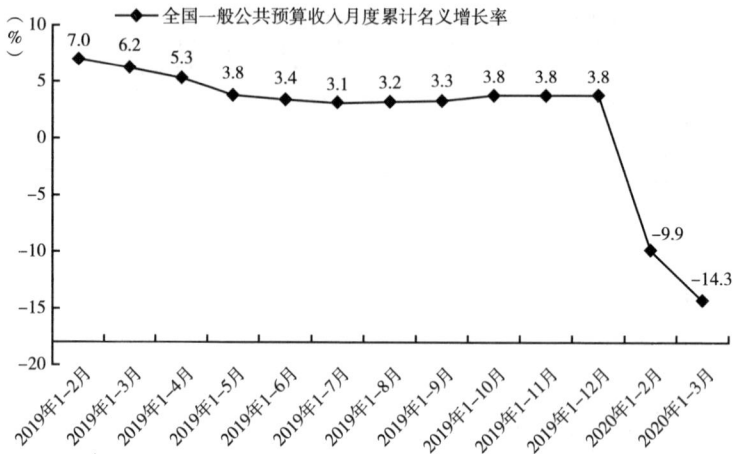

图 7-7　2019 年至 2020 年第一季度全国一般公共预算收入月度累计名义增长率

入同比明显下降，一是由于疫情对正常生产生活的限制，不少行业生产经营受到严重冲击，税基明显减少；二是为支持疫情防控和复工复产，采取了各项减免税和缓税措施；三是源于更大规模的减税降费政策。

四　从价格角度看疫情对 2020 年第一季度中国经济的冲击

从价格角度看疫情对 2020 年第一季度中国经济的冲击，主要是利用居民消费价格指数（CPI）和工业生产者出厂价格指数（PPI）分析疫情对 2020 年第一季度中国经济的影响。

从价格角度看，疫情对 2020 年第一季度中国经济造成的冲击主要表现在以下两个方面：一是居民消费价格明显上涨；二是工业生产者出厂价格下降。

（一）居民消费价格明显上涨

2020 年第一季度，居民消费价格同比上涨 4.9%，涨幅比 2019 年同期提高 3.1 个百分点。受疫情影响，CPI 上涨较为明显，为 2018 年以后最高涨幅。食品价格上涨是推动 CPI 上涨的主要因素。[1]一方面新冠肺炎疫情对食品供应链产生冲击，另一方面新冠肺炎疫情初期部分居民存在抢购行为，因此，2020 年第一季度食品价格上涨 20.3%。其中，猪肉价格上涨 122.5%，鲜菜价格上涨 9.0%。非食品价格上涨温和，仅为 1.1%。随着复工复产工作的推进，2020 年 3 月，食品和非食品供应保障均更加稳定，价格涨幅有所回落，回落至 18.3% 和 0.7%，CPI 同比上涨 4.3%，涨幅比 2 月回落 0.9 个百分点，出现收窄的趋势（见图 7-8）。

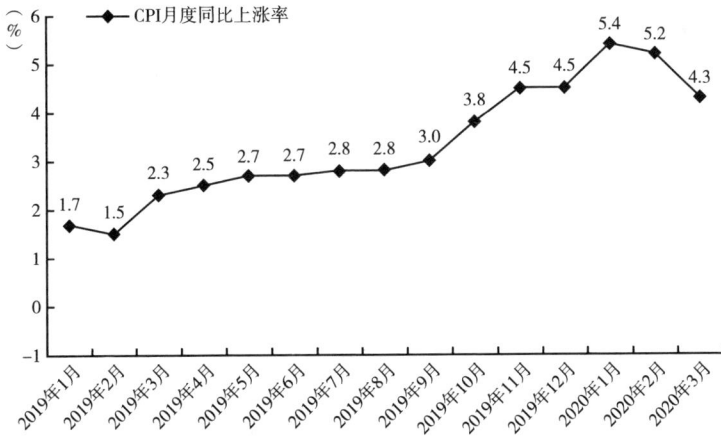

图 7-8　2019 年至 2020 年第一季度 CPI 月度同比上涨率

[1]　参见赵茂宏《第一季度 CPI 涨幅逐月回落特征明显 PPI 稳中有降》，国家统计局网站，2020 年 4 月 19 日。

从类别看，2020 年第一季度，居民消费价格八大类中七类上涨，其中，食品烟酒价格上涨 14.9%，上涨较明显。其他六类涨势较温和。其中，医疗保健价格上涨 2.2%，涨势平稳。主要原因是政府的有效管控措施抑制了医疗物资价格可能出现的大幅上涨。

分城乡看，2020 年第一季度，城市居民消费价格上涨 4.6%，比 2019 年同期提高 2.7 个百分点；农村居民消费价格上涨 5.9%，比 2019 年同期提高 4.1 个百分点。由于物资供给原因，农村居民消费价格比城市居民消费价格上涨更加明显。

（二）工业生产者出厂价格下降

2020 年第一季度，全国工业生产者出厂价格同比下降 0.6%，涨幅较 2019 年同期回落 0.8 个百分点。受疫情影响，2019 年末 PPI 降幅收窄的势头被扭转，2020 年 3 月降幅继续扩大至 1.5%（见图 7-9）。生产资料价格下降是 PPI 下降的主要因素。受疫情冲击，生产活动受

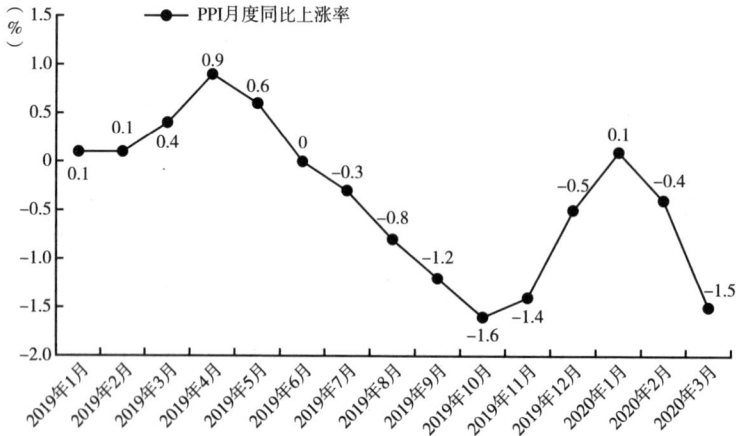

图 7-9　2019 年至 2020 年第一季度工业生产者出厂价格月度同比上涨率

到抑制，生产资料需求下降，导致生产资料价格下跌。2020 年第一季度生产资料价格下降 1.3%，其中 3 月降幅扩大至 2.4%。2020 年第一季度生活资料价格上涨 1.3%，其中 3 月上涨 1.2%，涨幅略有回落。

第二节　从生产、需求、收入、价格角度看恢复

一　从生产角度看 2020 年后三个季度中国经济的恢复状况

从生产角度看，2020 年后三个季度中国经济逐季恢复，第四季度经济增速超过 2019 年同期；第二产业增加值增速在 2020 年第二季度率先快速恢复，随后逐季稳步回升，建筑业和制造业做出突出贡献；第三产业增加值在第二季度以后保持快速恢复态势（见图 7-10）。

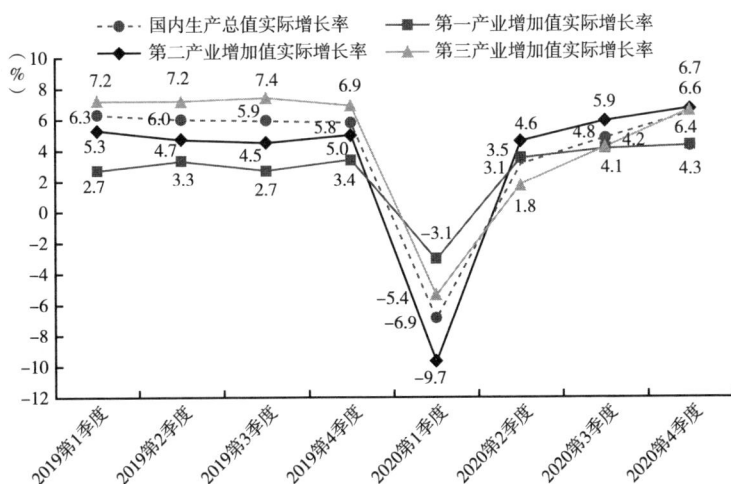

图 7-10　2019~2020 年国内生产总值实际增长率

2020 年后三个季度中国经济逐季恢复，第四季度经济增速超过上年同期。在党中央的高度重视和坚强领导下，新冠肺炎疫情得到控制，复工复产有序推进，宏观调控及时有效，第二季度经济增速强力反弹至 3.1%，增速比第一季度回升 10 个百分点，第三季度持续恢复至 4.8%，第四季度实现超预期增长 6.4%，比 2019 年同期高 0.6 个百分点。

第二产业增加值增速在第二季度率先快速恢复，随后逐季稳步回升，制造业和建筑业做出了突出贡献。2020 年第二季度第二产业增加值增长 4.6%，增速比第一季度回升 14.3 个百分点，在三次产业中增速最快，回升的幅度最大；第三、第四季度分别增长 5.9% 和 6.7%，呈逐季稳步回升态势（见图 7–10）。

制造业和建筑业表现突出，是拉动第二产业增加值增速率先快速恢复和稳步回升的主要动力。2020 年第二季度，制造业和建筑业增加值分别增长 4.6% 和 7.0%，增速分别比第一季度回升 14.7 个和 25.2 个百分点，对第二产业增加值增速迅速回升起主要拉动作用。第三、第四季度制造业增加值分别增长 6.3% 和 7.4%，呈稳步回升走势；建筑业增加值分别增长 7.3% 和 5.8%，保持较快增长。2020 年第三、第四季度制造业增加值增速的稳步回升和建筑业增加值保持较快增长对第二产业增加值增速稳步回升发挥了主要作用。制造业和建筑业的突出表现主要得益于中国最先控制住新冠肺炎疫情和完整的产业体系以及完备的配套能力。

第三产业增加值在第二季度以后保持快速恢复态势。2020 年第二至第四季度第三产业增加值分别增长 1.8%、4.2% 和 6.6%。其中，第二季度第三产业增加值增速恢复的幅度明显弱于第二产业，但第三、第四季度恢复的幅度快于第二产业，所以第四季度第三产业增加值增速已经与第二产业接近（见图7-10）。

2020 年第二季度以后，第三产业中受疫情冲击最突出的批发和零售业，交通运输、仓储和邮政业，住宿和餐饮业增加值增速均逐季快速回升。2020 年第二季度，批发和零售业，交通运输、仓储和邮政业增加值分别由第一季度下降 17.5% 和 13.6% 转为增长 1.6% 和 2.0%，增速分别回升了 19.1 和 15.6 个百分点；住宿和餐饮业增加值由第一季度下降 39.5% 变为下降 21.7%，降幅收窄 17.8 个百分点。第四季度，批发和零售业，交通运输、仓储和邮政业增加值增速分别回升到 6.8% 和 8.0%；住宿和餐饮业增加值降幅收窄至 0.8%。

2020 年第一季度，信息传输、软件和信息技术服务业增加值同比增长 14.6%，减缓了经济下降的幅度；第二至第四季度，该行业增加值分别增长 17.3%、20.1% 和 21.0%，保持快速增长，且增速逐季上升，对经济增速的持续回升做出了重要贡献。

二 从需求角度看 2020 年后三个季度中国经济的恢复状况

从需求角度看，2020 年后三个季度，消费需求和净出口需求对经济增长的拉动作用逐季回升，投资需求在第二季度强势反弹后拉动作用减弱。

如前所述，2020 年第一季度，受疫情的严重冲击，三大需求均明显下降，共同拉动经济下降。其中，消费需求对经济下降的拉动作用最大，达 4 个百分点；其次是投资需求，为 1.7 个百分点；再次是净出口需求，为 1.2 个百分点。2020 年第二季度，投资需求强势反弹，拉动经济增长 4.7 个百分点，成为拉动经济增长的主要动力；净出口需求由负转正，拉动经济增长 0.4 个百分点，对经济增速由负转正做出重要贡献；消费需求降幅缩小，向下拉动经济增速 2.1 个百分点，比第一季度缩小 1.9 个百分点。2020 年第三季度，消费需求恢复加速，年内首次由负转正，拉动经济增长 1.7 个百分点；投资需求恢复放缓，拉动经济增长 2.0 个百分点，对经济增长的贡献明显减弱，但仍是主要动力；净出口需求则保持稳步提升，拉动经济增长 1.2 个百分点。2020 年第四季度，在促消费政策的推动下，消费需求进一步提升，拉动经济增长 2.9 个百分点，重新成为拉动经济增长的主要动力；投资需求对经济增长的贡献进一步减弱，但仍拉动经济增长 2.0 个百分点；净出口需求的贡献基本保持稳定，拉动经济增长 1.5 个百分点（见表7-1）。

表7-1　2020年三大需求对GDP的拉动

指标	第四季度		第三季度		第二季度		第一季度	
	贡献率（%）	拉动（百分点）	贡献率（%）	拉动（百分点）	贡献率（%）	拉动（百分点）	贡献率（%）	拉动（百分点）
消费需求	44.8	2.9	35.5	1.7	−68.4	−2.1	58.4	−4.0
投资需求	31.5	2.0	40.5	2.0	154.4	4.7	24	−1.7
净出口需求	23.7	1.5	24.0	1.2	14.0	0.4	17.5	−1.2

资料来源：国家统计局国民经济核算司：《中国国内生产总值历史数据汇编（1952-2021）》。

三　从收入角度看 2020 年后三个季度中国经济的恢复状况

从收入角度看，2020 年后三个季度，全国居民人均可支配收入增速、规模以上工业企业利润总额增速和全国一般公共预算收入增速均逐步回升。

（一）全国居民人均可支配收入增速逐季回升

2020 年第二至第四季度，全国居民人均可支配收入累计名义增速分别为 2.4%、3.9%、4.7%，逐季回升；累计实际增速分别为 –1.3%、0.6%、2.1%，第二季度累计降幅比第一季度收窄，第三季度累计增速转正，第四季度进一步回升（见图 7–11）。

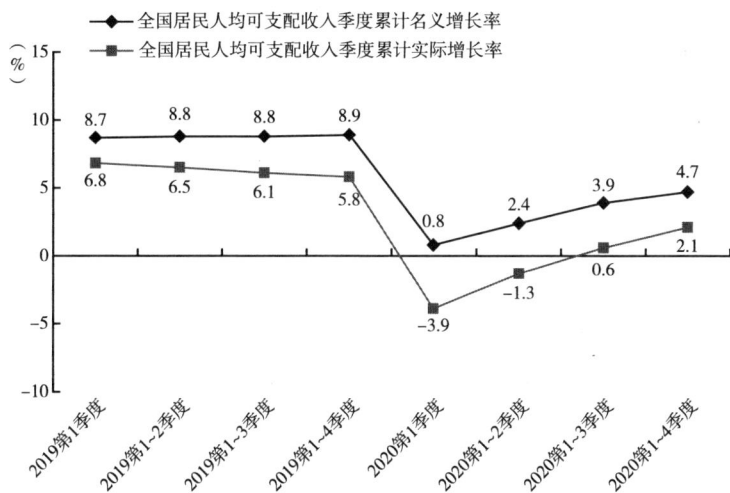

图 7–11　2019~2020 年全国居民人均可支配收入季度累计名义与实际增长率

　　分收入来源看 [1]，随着经济逐渐恢复，以及各项稳就业、保就业政策的有力实施，第二至第四季度，全国居民人均工资性收入累计名义增速分别为 2.5%、3.6% 和 4.3%，稳步回升；通过采取税费减免和金融支持等政策措施，居民家庭经营状况有所好转，第二至第四季度，全国居民人均经营净收入累计名义增速分别为 –5.1%、–2.0%、1.1%，第二、第三季度降幅逐季缩小，第四季度转为正增长；通过上调养老金、退休金标准，针对疫情影响加大社会救济、临时救助等政策措施，带动转移净收入的快速增长，第二至第四季度，全国居民人均转移净收入累计名义增速分别为 8.2%、8.9%、8.7%。在居民可支配收入的四项来源中，经营净收入受新冠疫情影响最大，是居民可支配收入增速较慢的重要原因；转移净收入增长最快，是拉动居民可支配收入增长的主要因素。

（二）规模以上工业企业利润总额增速逐月回升

　　受市场需求逐步回升、成本压力缓解、工业生产者出厂价格回升等因素的影响，2020 年第二至第四季度，规模以上工业企业利润总额累计增速逐月回升。2020 年 1~6 月，规模以上工业企业利润总额累计同比下降 12.8%，降幅比 1~3 月缩小 23.9 个百分点；1~9 月，下降 2.4%，1~10 月转为正增长，1~12 月增长 4.1%（见图 7–12）。

（三）全国一般公共预算收入降幅逐季收窄

　　为了应对疫情的严重冲击、助力市场主体纾困发展，2020 年全国连续发布实施了 7 批 28 项减税降费措施，全年新增减税降费超过 2.5 万亿元，2020 年第二至第四季度，全国一般公共预算收入累计同比降幅逐季

---

[1] 在住户调查中，居民可支配收入的来源包括四项，分别是工资性收入、经营净收入、财产净收入、转移净收入。

收窄。1~6 月，全国一般公共预算收入累计同比下降 10.8%，降幅比 1~3 月收窄 3.5 个百分点；1~9 月下降 6.4%，降幅比 1~6 月收窄 4.4 个百分点；1~12 月下降 3.9%，降幅比 1~9 月收窄 2.5 个百分点（见图 7–13）。

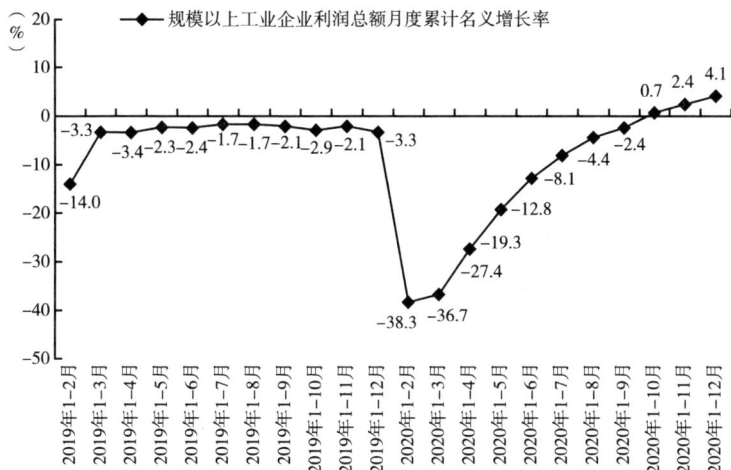

图 7–12 2019~2020 年规模以上工业企业利润总额月度累计名义增长率

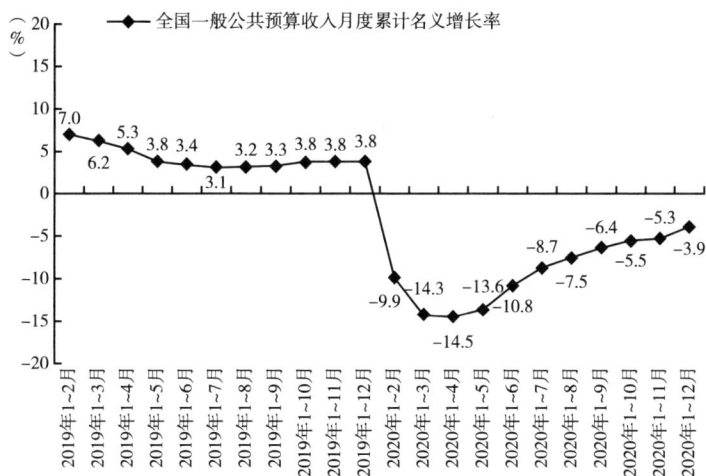

图 7–13 2019~2020 年全国一般公共预算收入月度累计名义增长率

四　从价格角度看 2020 年后三个季度中国经济的恢复状况

从价格角度看，2020 年后三个季度，居民消费价格同比涨幅呈回落走势，工业生产者出厂价格降幅呈先扩大后缩小走势。

（一）居民消费价格同比涨幅呈回落走势

分月看，2020 年前两个月，受新冠疫情、"猪周期"和春节等因素叠加影响，猪肉等食品价格上涨较快，带动 CPI 上涨较多，同比分别上涨 5.4% 和 5.2%；随着国内疫情防控形势持续向好，生猪产能不断恢复，各项保供稳价措施持续发力，CPI 涨幅从 3 月开始回落；6、7 月，由于高温和降雨等极端天气影响，涨幅略有扩大；8 月 CPI 涨幅继续回落，至 11 月 CPI 转为下降 0.5%；12 月，受低温天气、需求增加及成本上升等因素影响，CPI 上涨 0.2%（见图 7-14）。[1]

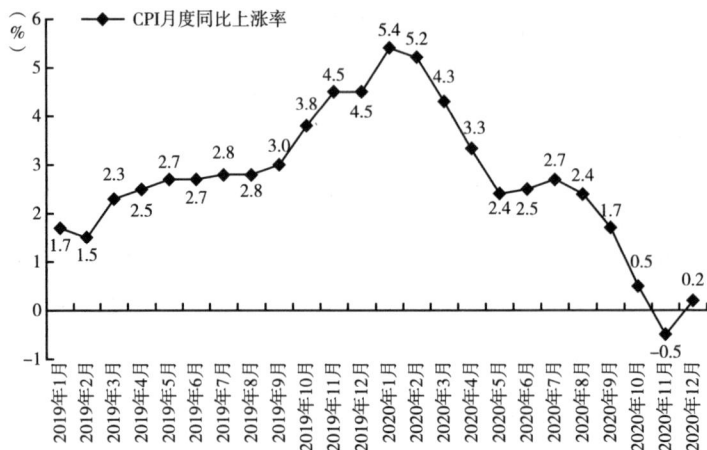

图 7-14　2019~2020 年 CPI 月度同比上涨率

[1]　参见王有捐《2020 年 CPI 逐步回落 PPI 低位回升》，国家统计局网站，2021 年 1 月 19 日。

（二）工业生产者出厂价格同比降幅呈先扩大后缩小走势

分月看，2020 年年初受新冠肺炎疫情等因素影响，工业品需求低迷，2 月起 PPI 同比进入下降区间；随着国内疫情防控形势持续向好，工业生产稳定恢复，基建和房地产投资持续发力，加之部分国际大宗商品价格波动上行，6 月起 PPI 同比降幅稳步收窄；12 月 PPI 同比下降 0.4%，降幅比 5 月的最低点收窄了 3.3 个百分点（见图 7-15）。从绝对价格看，12 月已大体接近疫情冲击前的水平。

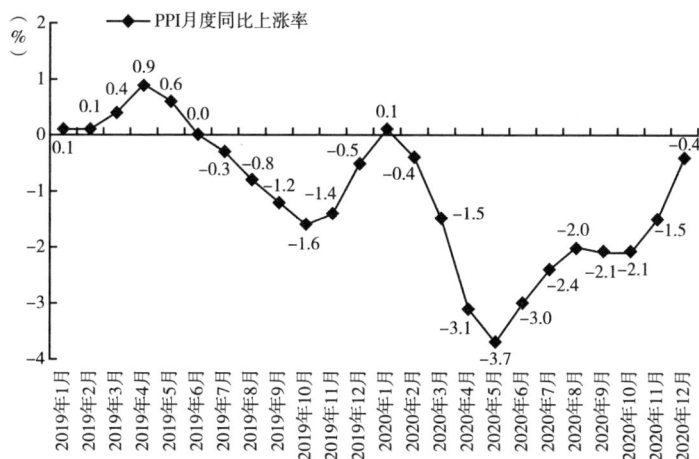

图 7-15　2019~2020 年工业生产者出厂价格月度同比上涨率

小　结

首先，本章阐述了新冠肺炎疫情对 2020 年第一季度中国经济的严重冲击。从生产角度看，受新冠肺炎疫情冲击，三次产业增加值均下降，其中第二产业增加值下降幅度最大，对经济下降的影响最大；新经济新动能逆势增长，对抑制经济下降起到重要作用。从需求角度看，受新冠肺炎疫情冲击，消费需求、投资需求和净出口需求均明显下降，共同拉动整体经济下降，其中消费需求对整体经济下降的拉动作用最大；基础设施、制造业和房地产开发三大领域投资均明显下降，其中制造业投资降幅最大，对固定资产投资下降的拉动作用最大。从收入角度看，受新冠疫情冲击，全国居民人均可支配收入名义增速比 2019 年同期明显回落，实际增速由正转负，经营性净收入下降是全国居民人均可支配收入实际下降的主要原因；规模以上工业企业利润总额比 2019 年同期显著下降；受税收收入下降的影响，全国一般公共预算收入同比明显下降。从价格角度看，居民消费价格同比明显上涨，食品价格上涨是推动 CPI 上涨的主要因素；工业生产者出厂价格下降。

其次，本章阐述了 2020 年后三个季度中国经济的恢复情况。从生产角度看，中国经济增速逐季恢复，第四季度经济增速超过 2019 年同期；第二产业增加值增速在 2020 年第二季度率先快速恢复，随后逐季稳步回升，建筑业和制造业对第二产业增加值增速的恢复做出突出贡献；第三产业增加值在第二季度以后保持快速恢复态势。从需求角度看，消费需求和净出口需求对经济增长的拉动作用逐季回升，投资需求在第二季度强势反弹后拉动作用减弱。从收入角度看，全国居民人均可支配收入增速、规模以上工业企业利润总额增速和全国一般公共预算收入增速均逐步回升。从价格角度看，居民消费价格同比涨幅呈回落走势，工业生产者出厂价格降幅呈先扩大后缩小走势。

第八章　从统计数据看中国经济发展面临的三重压力

2021年中央经济工作会议指出，中国经济发展和疫情防控保持全球领先地位。但会议也指出，中国经济发展面临需求收缩、供给冲击、预期转弱三重压力。党中央全面审视中国经济发展的国内外环境，对取得的成绩和面临的挑战作出了科学判断。据此，会议要求，2022年经济工作要稳字当头、稳中求进，各地区各部门要担负起稳定宏观经济的责任，各方面要积极推出有利于经济稳定的政策，政策发力适当靠前。本章从统计数据角度阐述中国经济发展面临的需求收缩、供给冲击、预期转弱三重压力，并提出相应的应对措施。

第一节　需求收缩压力

一　2021 年的需求收缩情况

从需求角度看，2020 年第二季度，投资需求对经济增长起主要拉动作用，是经济增速由负转正的主要动力，但随后投资需求对经济增长的拉动作用逐季减弱。2021 年全年，投资需求对经济增长的贡献率仅为 13.7%，在三大需求中贡献率最低。其中，第四季度投资需求对经济增长转为负拉动。2021 年，全国固定资产投资增长 4.9%。分领域看，基础设施投资增速回落明显，对经济增长的托底作用减弱。2021 年，基础设施投资增长 0.4%，比上半年回落 7.4 个百分点。这主要与 2021 年专项债发行速度较慢，地方政府债务管控不断加码，地方政府和城投平台融资受到影响有关，虽然第四季度地方专项债发行速度加快，11 月新增地方专项债发行约 5760 亿元，比 10 月小幅提升，但资金落地需要时间，基础设施投资增速仍然偏低。而在融资"三道红线"、房地产贷款"两个上限"等政策的限制下，2021 年，房地产开发投资增速为 4.4%，从 3 月开始连续 10 个月回落。曾经对经济增长起到重要支撑作用的两大领域投资表现均较弱，这是造成投资需求乏力的重要原因。

从需求角度看，2021 年消费需求对经济增长的拉动作用不断提高，但这主要是由于投资需求过快收缩导致的，消费需求增长始终与疫情前水平存在差距。2021 年和 2020 年，全国居民人均消费支出两年平均名义增长 5.7%，实际增长 4.0%，分别比 2019 年低 2.9 个百分点和 1.5 个百分点。这与居民可支配收入增速仍然低于疫情前水平，以及收入差距扩大有关。2021 年和 2020 年，全国居民人均可支配收入两年平均名义增长 6.9%，实际增长 5.1%，比 2019 年分别低 2.0 个百分点和 0.7 个百分点，尚未恢复至疫情前水平。收入恢复较慢直接影响居民的消费能力。同时，疫情之后，居民人均可支配收入中位数增速始终低于平均数增速，这意味着收入差距在扩大，低收入群体可支配收入增速较慢，而低收入群体边际消费倾向较高，这也是导致消费增长较慢的重要原因之一。同时，疫情之后居民的消费意愿始终不高，疫情导致的供给受限、消费场景受控削弱了消费意愿。因此，消费需求的恢复始终存在动力不足的问题。

二 2022 年前三季度的需求收缩情况

2022 年前三季度，消费需求对经济增长的贡献率为 41.3%，拉动经济增长 1.2 个百分点；投资需求对经济增长的贡献率为 26.7%，拉动经济增长 0.8 个百分点；净出口需求对经济增长的贡献率为 32.0%，拉动经济增长 1.0 个百分点。新冠肺炎疫情突袭而至前的 10 年中，即 2010~2019 年，消费需求、投资需求和净出口需求对经济增长的平均贡献率分别为 58.9%、42.5% 和 –1.4%。显然，与疫情前的 10 年平均水平相比，2022 年前三季度消费需求和投资需求对经济增长的贡献率明显偏低，净出口需求的贡献率明显偏高，内需收缩的问题非常突出。尤其是 2022 年第二季度，经济增长 0.4%，消费需求、投资需求和净出口需求分别拉动经济增长 -0.9、0.3 和 1.1 个百分点 [1]，经济增长主要靠净出口需求拉动，内需收缩的问题更加突出。

消费需求的收缩主要表现在居民消费需求方面。2022 年前三季度，全国居民人均消费支出同比名义增长 3.5%，实际增长 1.5%，分别比 2019 年同期低 4.8 和 4.2 个百分点，与疫情前差距较大。2022 年前三季度疫情在多个重要城市多点散发，制约居民消费场景，限制了居民消费支出的恢复。

房地产开发投资持续下降，是投资需求收缩的主要原因。2022 年前三季度，房地产开发投资同比下降 8.0%，从 4 月起连续 6 个月下降，且降幅逐月扩大。制造业投资保持较快增长，对固定资产投资增长起主要拉动作用。在设备更新改造税收优惠、更新改造再贷款等政策支持下，制造业投资保持较快增长，2022 年前三季度，同比增长 10.1%。基础设施投资增长较快，对固定资产投资增长起到重要拉动作用。在政策性、开发性金融工具支持下，基础设施投资保持较快增长，2022 年前三季度增长 8.6%。

第二节　供给冲击压力

一　2021 年的供给冲击情况

2021 年我国 GDP 增长 8.1%，第一季度同比增长 18.3%，第二

---

[1] 赵同录：《我国经济第二季度实现正增长》，国家统计局网站，2022 年 7 月 15 日。

季度同比增长 7.9%，第三季度同比增长 4.9%，第四季度同比增长 4.0%，GDP 同比增速逐季明显回落。其中，第三季度经济增速放缓，主要是受 2020 年同期基数抬升，以及煤炭供给短缺、限电限产、疫情散发、汛情等多方面扰动因素的影响。

　　在三次产业中，第二产业增加值全年增长 8.2%，对 GDP 增速起重要拉动作用。但第三、四季度同比增速明显下滑，分别增长 3.6% 和 2.5%，增速均为三次产业中最低，是导致 GDP 同比增速回落的主要原因。其中，规模以上工业增加值同比增速从 2021 年 3 月开始逐月回落，9 月同比增速降至年初以后最低点 3.1%，10 月同比增速回升至 3.5%，为年内首次回升，12 月同比增速回升至 4.3%，但总体增速仍然较低。工业增加值增速回落主要由制造业增加值快速下滑导致，受原材料价格高位上涨、煤炭电力短期供给短缺、芯片持续供给短缺等因素叠加影响，制造业增加值增速逐月回落，9 月制造业增加值同比增长 2.4%，为 2021 年初以后同比增速最低值，10、11、12 月制造业增加值增速分别为 2.5%、2.9%、3.8%，增速小幅回升，但依然对工业生产增速起向下拉动作用。制造业增加值增速行业分化明显，高技术和装备制造业增加值对工业、制造业增加值增长起引领作用，纺织业、黑色金属冶炼和压延加工业、汽车制造业增加值等均出现连续负增长的情况。随着保供稳价、助企纾困等政策措施的有力推进以及芯片紧缺情况有所缓解，上述行业 12 月增加值增速的下降幅度均有所收窄。但由于大宗商品价格处于高位，中下游企业成本压力较大。12 月，全国工业生产者出厂价格同比上涨 10.3%，工业生产者购进价格同比上涨 14.2%，两者差距在 11 月达到年初以后最大值。其中，采掘工业、原材料工业等生产资料价格上涨对工业生产者出厂价格上涨起决定作用；燃料动力类、化工原料类、有色金属材料及电线类、黑色金属材料类价格上涨对工业生产者购进价格上涨起主要拉动作用。此外，2021年建筑业增加值增长2.1%，比第二产业低6.1个百分点，对第二产业起显著向下拉动作用。其中第三季度建筑业增加值增速由正转负，同比下降1.8%，是导致第三季度第二产业增加值增速显著下滑的重要原因之一。在地方政府债务严监管的环境下，地方政府扩大基建投资的空间受限，加上原材料价格上涨和疫情散发带来的劳动力供给不足，导致建筑业表现不佳。

在三次产业中，第三产业全年增加值增长8.2%，对经济增长贡献最大，但两年平均增长5.0%，比2019年同期低2.2个百分点，与疫情前水平仍有较大差距。分季度看，第一至第四季度第三产业增加值同比分别增长11.5%、8.3%、5.4%和4.6%，同比增速逐季回落，除基数原因外，汛情冲击和疫情散发是导致第三季度第三产业增加值增速回落的主要原因。其中，交通运输、仓储和邮政业受汛情冲击最为严重，第三季度增加值增长5.9%，比第二季度回落6.8个百分点，远超过第三产业增加值增速2.9个百分点的回落幅度。房地产信贷收紧导致第三季度房地产业增加值出现明显下滑，同比下降1.6%，第四季度房地产业增加值降幅扩大到2.9%。

二 2022年前三季度的供给冲击情况

2022年前三季度，GDP增长3.0%。其中第二季度受上海、北京等地区疫情的冲击，GDP 仅增长 0.4%。

第三产业受疫情冲击严重，对经济增长起到拖累作用。2022 年前三季度，第三产业增加值增长 2.3%，在三次产业中增速最低。其中第二季度下降 0.4%，是 2020 年第一季度后首次出现负增长，对经济增长起到明显的下拉作用。其中，除信息传输、软件和信息技术服务业以及金融业增加值分别实现 7.6% 和 5.9% 的增长外，其余行业增加值均为负增长。尤其是房地产业、住宿和餐饮业以及租赁和商务服务业，增加值下降幅度较大，是第三产业表现较差的重要原因。受疫情和政策等因素叠加影响，房地产业始终表现低迷，第二季度疫情的反复加重了房地产业增加值的下滑趋势，其增加值下降 7.0%，降幅比第一季度扩大 5.0 个百分点。第二季度上海、北京等地区疫情相继加重，限制堂食、出行等政策相继出台，导致住宿和餐饮业、租赁和商务服务业增加值分别下降 5.3% 和 3.3%，值得注意的是 2021 年和 2020 年同期两者的两年平均增速分别为 −4.2%、0.1%，在低基数的基础上两者仍然出现负增长，受到的冲击比较严重。

第二产业受疫情冲击较重，对 GDP 增速的拉动作用明显不足。2022 年前三季度，第二产业增加值增长 3.9%，表现好于第三产业，对 GDP 增速起到拉动作用，但拉动作用明显不足。尤其是第二季度，第二产业增加值仅增长 0.9%，增速很低，对 GDP 的拉动作用更加疲弱。其中，4 月受疫情冲击工业生产表现较差，规模以上工业增加值同比下降 2.9%，是 2020 年 3 月后首次下降。

第三节　预期转弱压力

预期转弱主要是指企业对经济发展信心转差，投资意愿下降；经济中的不确定因素导致居民信心不足、储蓄意愿提升、消费动力不足等状况。这既有长期以来经济发展中一些结构性矛盾的影响，也有近期不确定因素的影响。

从长期看，经济增速不断回落、人口红利逐渐减弱、资源约束变紧以及居民可支配收入增速回落对企业信心、居民信心产生影响，从而对未来固定资产投资和居民消费支出的增长产生影响，是预期转弱的重要原因。

经过多年经济高速增长，我国的资源红利逐渐减少。铁矿石、原油等资源类产品进口比例逐渐攀升。例如，原油进口量占比不断升高，2008 年为 48.5%，2015 年达到 61.0%，2015 年后上升的增速加快，2020 年达到 73.6%。与此同时，长期以来我国经济发展依赖的人口红利在近年来逐渐减弱，这对预期转弱产生影响。具体表现为，2010 年后劳动年龄人口占比开始逐渐下降，而劳动年龄人口数从 2014 年开始减少；2004 年后就业人口占比开始下降，而就业人口数从 2015 年开始持续下降；老龄化问题突出，65 岁及以上老年人口占比持续上升，2001 年超过 7%，2014 年超过 10%，2020 年达到 13.5%。在经济增速回落、人口红利减弱和资源约束变紧的情况下，企业信心受到影响，2009 年后固定资产投资增速逐渐回落，2019 年增长 5.4%，2020 年由于新冠肺炎疫情冲击固定资产投资增速达到历史新低的 2.9%。居民可支配收入增速的回落也对居民信心产生影响。全国居民人均可支配收入增速在 2000~2007 年总体呈上升走势，从 2008 年开始，呈波动下降走势，受疫情冲击，2020 年达到最低点，为 2.1%。

从短期看，经济增速回落、疫情反复，"限电限产"、"双减"等政策均给企业生产经营带来不确定性，也是导致预期转弱的重要原因。2021 年 3~10 月，PMI 中生产经营活动预期指数连续下降，11 月开始有所改善，2021 年 11 月至 2022 年 2 月 PMI 中的生产经营活动预期指数持续回升至 2022 年 2 月的 58.7%，但随着 2022 年 3 月开始上海、北京等地相继出现疫情，生产经营活动预期指数又开始波动下降，6 月小幅回升至 55.2%，但 7~8 月由于高温限电、疫情局部散发等因素，生产经营活动预期指数刚出现的回升趋势再次被打破，7~10 月生产经营活动预期指数始终在 52%~53% 之间波动。

根据央行企业家问卷调查报告显示，企业家宏观经济热度指数从 2020 年第一季度骤降至 12.4% 后持续上升至 2021 年第二季度的 42.1%，2021 年第三季度下降 2.3 个百分点至 39.8%，第四季度进一步下降 2.5 个百分点至 37.3%。2022 年保持了回落趋势，2022 年第一、第二季度，企业家宏观经济热度指数分别为 35.7%、26.5%，第三季度小幅回升至 26.9%，但是仍处于较低水平。根据城镇储户问卷调查报告显示，居民的收入信心指数从 2020 年第四季度开始下降；收入感受指数、就业预期指数均从 2021 年第一季度开始持续下降，虽然第四季度开始这三个指数小幅回升，但受疫情反复等因素影响 2022 年第二季度居民的收入信心指数、收入感受指数、就业预期指数大幅回落，分别比上季下降 4.3、5.7、6.0 个百分点。第三季度三个指数虽然小幅回升，但是处于历史上较低水平。且疫情以来，倾向于"更多储蓄"的居民保持在较高水平，2022 年年初以来，倾向于"更多储蓄"的居民持续扩大，第三季度倾向于"更多储蓄"的居民达到 58.1%，比 2019 年同期提高了 13.6 个百分点。可见在疫情冲击、国内外环境复杂严峻的形势下，企业和居民的信心有所下降。

第四节 应对三重压力的措施

在需求方面，为促进消费，长期来看改善收入分配状况，切实提高中低收入群体的实际收入是根本手段。而短期来看，一方面，应注重保就业保民生和保市场主体，加大失业保险支持企业稳岗力度，协同推进稳岗位防失业提技能增收入，确保居民收入保持持续恢复态势。同时，应全力保障困难群众的权益，加大对困难群众兜底性保障力度，切实保障农民工工资足额准时发放，确保低收入群体具备满足基本消费需求的能力。另一方面，可以积极提供和开发非接触、少聚集的消费项目；地方政府可以联合企业、平台发放消费券、优惠券等，开展多种形式的促销活动；还应积极挖掘乡村消费潜力，支持新能源企业下乡、加快推进电商平台向农村延伸发展并做好物流等配套体系的建设。同时，应注意继续贯彻落实灵活防疫政策，切忌"一刀切"，在保证疫情防控的同时为居民提供安全、健康的消费环境。

促进房地产开发投资的关键还是保证房地产市场的平稳发展。根据房地产市场发展现状，建议"因城施策"而不只是采取积极的货币政策刺激需求，因为这可能导致房价的上涨。所谓"因城施策"是指根据不同城市房地产市场的供给和需求现状采取相应的政策进行调控，对于新房存量不足，且需求有改善趋势的城市，应该增加有效供给，例如，可以调整土地出让次数以减轻房企短期内面临的资金压力；而对于库存充足、价格有下跌压力的城市，可以采取积极的货币政策、放宽信贷约束来激发需求。同时，还可以挖掘房地产市场发展的新动力，例如提高保障性住房供应、推进老旧小区改造等。

我国基础设施投资还有很大发展空间。一是我国人均基础设施资本存量只有发达国家的20%~30%；二是我国基础设施城乡、区域发展不平衡的问题比较突出，农村人均公共设施投入约为城镇的五分之一。因此综合来看，促进区域、城乡平衡、高质量发展的投资空间还比较大。而促进基础设施投资的稳定发展主要还是依赖于积极的财政政策，一方面，2022年财政支出的节奏要尽可能"前置"，新增地方专项债下达后落地形成实物量需要时间，尽可能早发行有助于保证基础设施投资的稳定发展。另一方面，为提升财政效能，可以考虑将地方专项债与"十四五"重大项目、"两新一重"项目相结合。"十四五"规划对新型基础设施、清洁能源和物流中枢提出更高要求，而将地方专项债与"十四五"规划确定的102项重大工程项目、新型基础设施、新型城镇化、重大交通水利（"两新一重"）等项目相结合既有助于加快推进基础设施投资形成实物工作量从而对经济形成托底作用，也有助于缓解传统基建项目不足的困境，为经济发展提供良好基础。同时，还应加大对基础设施较差的区域和农村地区的投资，加快补短板投资，促进基础设施建设区域平衡发展。

在供给方面，应确保煤炭、电力等能源和原材料的保供稳价工作的持续推进，助力制造业和工业生产的稳定发展。2021 年第四季度开始，随着保供稳价、助企纾困等政策措施有力推进，制造业增加值增速出现回升，但制造业增加值增速波动较大，目前部分能源和原材料供给仍存在缺口，制约着制造业生产的恢复进程。2022 年应进一步优化资源的配置效率，提高产能利用率，推动制造业增加值增速的进一步回升。在芯片等关键技术和零部件方面，应加快自主研发进程，突破技术制约，逐步减少进口依赖，提升我国制造业的核心竞争力。

在建筑业和房地产业供给侧，应通过适当的跨周期政策调节，保证行业的稳健发展。2021 年第三季度，基础设施投资和基建项目开工增速进一步放缓，导致建筑业增加值增速由正转负；房地产信贷等政策收紧，导致房地产市场行情低迷，房地产业增加值增速也由正转负。应适度超前开展基础设施投资，并确保建筑材料的供给和价格的稳定，拉动建筑业增加值增速回升；应对房地产行业实行适当的跨周期调控政策，避免由于房地产信贷等政策收紧冲击导致房地产市场供给骤减，进而引发较为剧烈的周期性波动，不利于房地产行业的长期发展。

同时，重工业、房地产等传统动能对经济的刺激和拉动作用在逐渐转弱，需要做好新旧动能的转换，及时发掘和培育我国经济的新增长点。特别是为构建高质量发展、双碳目标下的新发展格局，我国供给侧结构需进行深度调整，通过结构性货币政策和科技政策支持国民经济创新发展，强化国家战略科技力量，提升企业创新能力，加大研发投入力度，支持核心技术科研攻关，激发"专精特新"企业涌现；在工业和制造业升级、数字化转型、高新技术行业、低碳绿色经济等领域，孕育推动我国经济增长的新动能。

为稳定和改善企业预期，解决好供给和需求方面存在的各种问题和压力是根本。在此基础上，大规模退税减税缓税政策应加快落实，还可以继续推进新的减费降税政策的出台，强化对中小微企业、个体工商户等的支持力度，稳定市场主体的信心。同时，货币政策应延续宽松，保持流动性充裕合理，也应引导金融机构运用结构性货币政策加大对实体经济特别是小微企业的支持。

为稳定居民预期，要促进收入分配改革，提高中低收入群体的收入水平。同时应加快完善常住地提供基本公共服务制度，推进基本公共服务供给改革，切实解决居民所面临的养老、教育、医疗等方面基本公共服务供给不足，无法满足需求的问题，全面保障居民各项基本需求，才能解决居民后顾之忧，稳定居民的信心和预期。

综合以上分析可见，当前经济下行压力较大，本章运用统计数据分析了"三重压力"，并提出了相应的对策。2021年中央经济工作会议要求各地区、各部门要担负起稳定宏观经济的责任。相信在党中央的正确领导下，在各项政策的支持下，在各地区、各部门的努力下，2022年中国经济有望企稳。各项改革有望充分释放经济发展潜力，未来中国经济还有巨大发展空间。

第九章　理解中美贸易不平衡：
统计视角

　　作为全球最大的发展中国家和最大的发达国家，中美两国互为重要的贸易伙伴国，两国之间的贸易关系不仅影响两国自身的发展，还对全球经济发展产生重要影响。中美贸易领域的争议和摩擦牵动着两国经济政策和经济运行，影响着世界经济复苏形势与世界贸易格局。美方多次以贸易失衡为由挑起针对中国的贸易调查和不合理制裁，直接加剧了贸易保护主义抬头和逆经济全球化趋势，对世界经济的健康发展和互惠的国际贸易关系形成了挑战。

　　但是，中美贸易不平衡程度从不同的角度看是不一样的，从贸易增加值统计角度与从贸易总值统计角度看差异非常大，即使从贸易总值统计角度看，中美双方统计结果的差异也很大。从中美贸易不平衡的贡献者角度看，不仅包括中国本土企业，还包括广大的在华外商投资企业，尤其是美国在华投资企业。从跨国利润转移角度看，外商投资企业，特别是美国在华投资企业在创造了很大一部分中国对美国的贸易顺差的同时，还获得了丰厚的利润，增加了美国的国民总收入和国民财富。我们需要从多个角度全面客观地观察中美之间的贸易不平衡问题，本着理性、对双方对全世界负责任的态度合理地解决这一棘手问题。

本章从四个方面讨论中美贸易不平衡问题：一是从贸易总值统计的角度，二是从中美贸易不平衡贡献者的角度，三是从跨国利润转移的角度，四是从贸易增加值统计的角度。本章还针对贸易增加值统计的必要性和重要性，提出了用贸易增加值统计衡量中美贸易的建议，并简要讨论了当前中美贸易摩擦的成因。

第一节　中美贸易总值统计的特点和问题

一　中美贸易总值统计的基本方法

目前，中美货物贸易数据均依据国际海关组织编制的分类标准《商品名称及编码协调制度》（HS），采用联合国统计司制定的《国际商品贸易统计：概念和定义（2010）》（IMTS2010）中所规定的"总贸易制"统计，并按各自国情适当加以调整。中方货物贸易数据由中华人民共和国海关总署统计并发布，美方货物贸易数据由美国商务部依照海关数据编制并发布。总贸易制是一种针对贸易总值的统计框架，要求对进入或离开国（地区）境或特定关税区的所有货物进行全额统计。在这一统计制度下，只要货物进入一国（地区）境内进行生产、消费、加工，即使所有权仍属于国（地区）外企业，或停留在自贸区、保税区等并未通过海关，都将其统计为该国（地区）进口总值，相应地，出口总值采用同样的口径。总贸易制统计不能客观地反映全球经济一体化条件下，许多产品的生产由多个国家（地区）共同参与完成、产品价值由各参与生产国（地区）共同创造的实际情况。

服务贸易包括运输服务、旅行服务、金融服务、保险服务、知识产权使用费等项目。中、美两国服务贸易数据都是依据国际货币基金组织制定的国际标准　《国际收支和国际投资头寸手册》第六版（BPM6）统计的。中方数据由中国国家外汇管理局基于行政记录数据和部分调查数据编制并发布，美方数据由美国商务部编制并发布。随着服务贸易在国际贸易中的占比不断上升，全面考虑货物贸易和服务贸易对正确认识中美双边贸易形势十分必要。

二　中美双方统计的货物贸易状况

根据中华人民共和国海关总署统计数据，近年来中国对美国的货物出口、货物进口、货物贸易顺差均呈稳定上升态势。2017 年，中国对美国货物出口为 4298 亿美元，货物进口为 1539 亿美元，货物贸易顺差为 2759 亿美元。（见图 9-1）根据美国商务部统计数据，近年来美国对中国货物出口、货物进口、货物贸易逆差也均呈稳定上升态势。2017 年，美国对中国的货物出口为 1304 亿美元，货物进口为 5056 亿美元，货物贸易逆差为 3752 亿美元（见图 9-2）。美方统计的货物贸易逆差比中国统计的货物贸易顺差多出近 1000 亿美元。

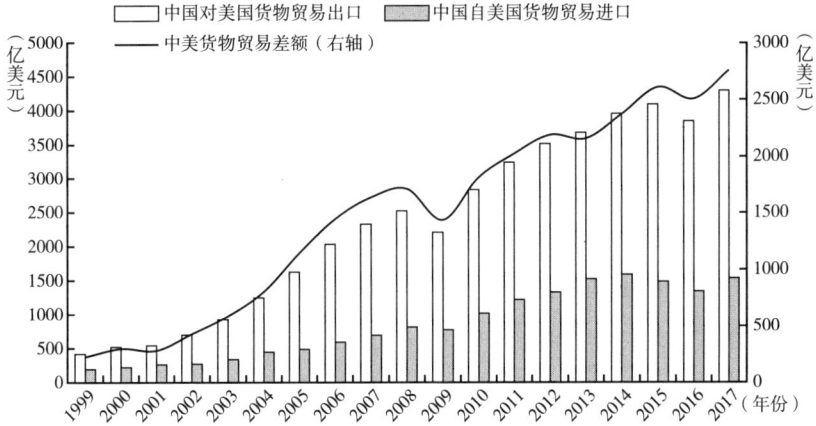

图 9-1　中国统计的 1999~2017 年中国对美国货物出口、货物进口
与货物贸易差额

数据来源：中华人民共和国海关总署。

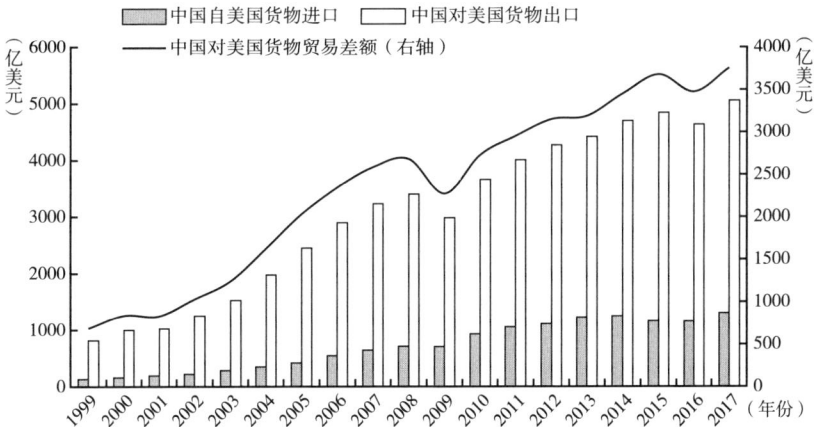

图 9-2　美国统计的 1999~2017 年中国对美国货物出口、货物进口
与货物贸易差额

数据来源：美国商务部。

从上述统计数据可以看出，中美双方统计的货物贸易差额数据之间的差异主要来源于中方统计的对美国的货物出口数据和美方统计的从中国的货物进口数据之间的差异，这一差异占到了双边货物贸易差额统计数据差异的 76%。2000 年以后，中方统计的对美国的货物出口数据和美方统计的从中国的货物进口数据之间的差异从 2000 年的 480 亿美元逐步上升至 2017 年的 758 亿美元左右（见图 9-2），但是这一差异占中国对美货物出口额的比重已经从 48% 逐步下降至 15% 左右，且这一比例近年来基本保持稳定。

三　美方货物贸易统计高估了美国对中国的货物贸易逆差

如上所述，中美双方统计的货物贸易差额数据之间的差异主要来源于中方统计的对美国的货物出口数据和美方统计的从中国的货物进口数据之间的差异，这一差异占到了双边货物贸易差额统计数据差异的 76%。导致中方统计的对美国的货物出口数据与美方统计的从中国的货物进口数据之间的差异有多种因素，如计价方式、转口贸易、贸易加成、旅行项目中包含货物等。

从计价方式看，中国货物出口统计采用的是离岸价（FOB），美国货物进口统计采用的是船边交货价（FAS）和到岸价（CIF）两种价格。美国按到岸价计算从中国进口的货物价值中包含了从中国口岸到美国口岸所发生的国际运费、保费等，中国按离岸价格计算对美国的货物出口不包括上述费用。考虑到中美之间货物贸易的庞大体量和中方的贸易顺差，这一价格差异不会在双方进出口中抵消，而会扩大美国货物进口与中国货物出口间的统计差异。

从转口贸易和贸易加价看。中美货物进出口统计均包含了原产国（地区）和最终目的国（地区）信息，均将原产地作为进口统计的依据，把出口所指的目的地作为出口统计的依据。但在统计实践中，如果发生转口贸易，尤其是途径中国香港、新加坡等地的转口贸易，中国方面获知的出口目的地通常被登记为中国香港、新加坡等。但当中间商再次将货物出口到美国时，美国根据原产地规则将其统计为从"中国内地"的进口。转口贸易中会发生两种加价行为。一种是通常针对加工贸易货物，这些货物在离开中华人民共和国关境后被中间商购买，随后以更高价格转卖给美国买家，中国出口至美国的商品价格出现加成。另一种是经中国香港转运至美国的加价行为。这是因为货物在中国香港被进一步简单加工后产生了增加值，或由于逐利而抬价。但即使这些商品经过了加工，只要其商品性质没有发生实质性改变，美国依旧视其为中国内地对美出口的一部分，且统计加工后货物的进口总值。这部分增加值或抬价没有被中国统计为对美国的货物出口，但被美国统计为从中国的货物进口，这是导致中美货物贸易统计差异的另一个重要因素。关于这一问题的详细数据分解可参见杨汝岱[1]基于中国香港统计数据的研究。据中、美两国商务部联合发布的《中美货物贸易统计差异研究》，这两个因素是中美货物贸易统计差异的主因。转口贸易中发生的上述两种加价行为，抬高了美国从中国进口货物的价值，扩大了统计差异，但这些增加的价值为中国内地以外

---

[1]　参见杨汝岱《香港转口贸易及其对中美贸易平衡的影响》，《经济科学》2008 年第 2 期。

的企业获得。此外，美国通过中国香港出口至内地的货物同样存在系统性的低报总值、改变分类等避税行为，导致中方统计的来自美国的进口总额被进一步低估。[1]

从旅行项目中包含的货物看。中国服务贸易进口中的旅行项目包括了大量的货物，而这部分货物本应计入货物进口而被计入了服务进口，这导致了中国货物进口在一定程度上被低估，加大了中国对外尤其是对美的货物贸易顺差。这一点值得特别注意。近年来，中美之间人员流动愈发频繁，经贸往来日益加深。随着中国人的购买能力不断增强，对高质量生活的诉求愈发强烈，中国人员外出旅行时往往大量购买商品，或通过行邮等方式将小件商品寄往国内。继高端奢侈品以后，化妆品、高档餐具，甚至智能马桶盖等新型产品都成为了中国人海外抢购的商品，并随着人员跨境流动回到国内。由于这些境外购买行为通常单次通关金额较小，且跨境过程不存在商品所有权的转移，因此这部分商品流通被计入了旅行项目下，作为中国公民在境外购买服务的一部分，体现在中国对外服务贸易逆差中。而美国作为中国公民外出购物、旅游、留学的重要目的地，隐藏在服务贸易背后的商品流动低估了中国从美国的货物进口。考虑到中国对外服务贸易逆差主要来自于旅行，近些年其对服务贸易逆差的贡献度接近90%（见图9-3），因此，这部分货物进口导致的美国对中国的货物贸易逆差的高估也是不可忽略的。

---

[1] 参见 Fisman R., Wei, S. J., "Tax Rates and Tax Evasion: Evidence from 'Missing Imports' in China", *Journal of Political Economy*, 112（2），2004, pp. 471-496。

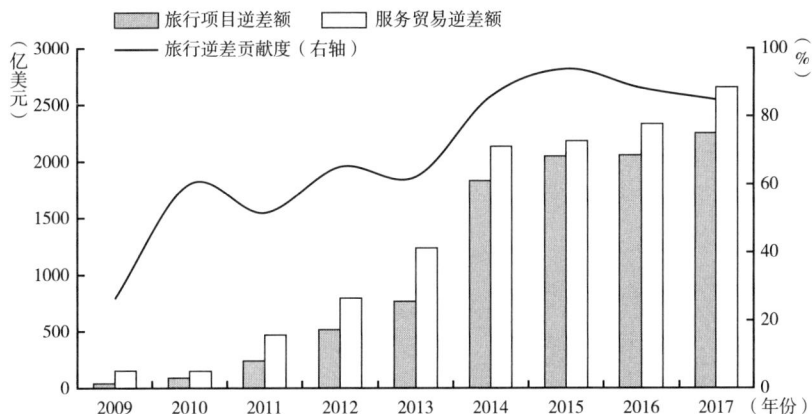

图 9-3　2009~2017 年旅行项目逆差对服务贸易逆差的贡献

数据来源：国家外汇管理局中国国际收支平衡表（BMP6）。

四　仅考虑美国对中国的货物贸易逆差是不全面、不客观的

近年来，中国对外服务贸易逆差迅速扩大，其中对美服务贸易逆差快速增长。据中方统计，2006~2016 年，中国从美国的服务进口额由 144 亿美元扩大到 869 亿美元，增长了 5 倍多。2016 年，中国对美国服务贸易逆差高达 557 亿美元，占中国服务贸易逆差总额的 23%，占美国服务贸易顺差总额的 22%。其中主要包含两大类内容，第一大类是旅行，包括旅游、留学、医疗等；第二大类是运输服务和知识产权使用费等生产性服务业。据美方统计，2006~2016 年，美国对中国服务贸易出口增长了 4 倍多。2016 年，美国对中国服务贸易出口为542 亿美元，进口为 161 亿美元，顺差为 381 亿美元（见图 9-4）。这一结果与中方统计结果虽有出入，但是并不影响对中美服务贸易的总

体判断。所以，仅考虑美国对中国的货物贸易逆差而忽视高附加值的
服务贸易顺差，高估了中美双边贸易差额，是不全面不客观的。

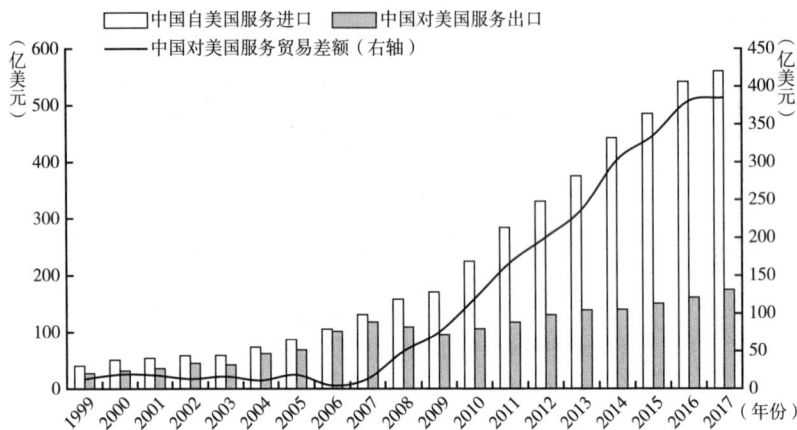

图 9-4　1999~2017 年中国对美国服务出口、服务进口、服务贸易差额
数据来源：美国商务部。

第二节　中美贸易不平衡的贡献者

随着经济全球化不断深化，跨国企业在国际经济贸易中的作用愈
发重要，跨境资本流动和投资行为深刻地影响着国家之间的经贸关
系。许多国家在华拥有大量直接投资，外商投资企业与中国本土企业
共同参与中国对外贸易活动，助推了中国过去四十年来的高速增长。
相应地，中美贸易不平衡的贡献者并不只是中国本土企业，还包括广
大的在华外商投资企业，尤其是在华美国投资企业。

中美两国都是开放的大国，中国欢迎并长期鼓励外国投资者在华以直接投资等形式参与全球经济分工，充分发挥中国的比较优势。美国有大量的在华投资企业，其中不乏宝洁、通用等世界级企业。美国在华投资企业贡献了大量的中国货物出口，尤其是对美货物出口。例如，历数近年中国对美出口大户，戴尔（Dell）、美光半导体（Micron）、英特尔（Intel）、希捷（Seagate）等美国高科技企业都位居前列，其中还包括一系列美方持股的产业链上下游企业。这些企业利用中国的成本优势生产产品，再将其返售给美国，在为中国创造了就业机会和税收的同时，让美国消费者享受到物美价廉的产品，将这一互惠的贸易结果简单归纳为中美贸易失衡并将失衡的成因全部归于中国本土企业是很不切实际的。

从数据上，我们可以获得更为清晰的结论。表9-1列示了中国全部货物进出口差额、外商投资企业货物进出口差额以及后者所占前者的比重。2008年国际金融危机爆发以来，中国货物贸易顺差经历了从明显下滑到逐步复苏的过程，2015年逼近6000亿美元大关，2016年稍有回落。外商投资企业货物进出口差额数据是将外商投资企业的货物出口和进口相减后的差额。相对于中国货物贸易顺差的波动幅度，各国在中国投资、参股、控股的外商投资企业创造的货物贸易顺差大体稳定，保持在1200亿~1800亿美元范围内。2007~2013年，外商投资企业货物进出口差额占中国全部货物进出口差额的比例超过50%，占到了中国货物贸易顺差的半壁江山，并一度占到了中国货物贸易顺差的80%以上。直到近几年，外商投资企业对中国货物贸易顺差的贡献才降低到了三成以下。

表9-1　中国货物进出口差额与外商投资企业贡献

单位：百万美元

指标	2007年	2008年	2009年	2010年	2011年	2012年	2013年	2014年	2015年	2016年
货物进出口差额（出口－进口）	263944	298131	195689	181507	154897	230309	259015	383058	593920	509705
外商投资企业货物进出口差额	135578	171064	126670	123842	130555	151120	169134	165682	175748	145997
外商投资企业货物进出口差额／货物进出口差额	51.37%	57.38%	64.73%	68.23%	84.29%	65.62%	65.30%	43.25%	29.59%	28.64%

数据来源：国家统计局、中华人民共和国海关总署。

　　我们进一步分析外商投资企业对中国货物贸易顺差的贡献趋势和内部结构。图9-5给出了外商投资企业货物出口总额、进口总额以及进出口差额分别占中国货物出口总额、进口总额以及进出口差额的比重变动情况。2007年以后，外商投资企业货物出口总额占比持续高于其进口总额占比，为中国带来了长时间货物贸易顺差。2014年以来外商投资企业货物贸易顺差占比下降，更多的是由于其进口总额占比的迅速上升所致。2016年，外商投资企业货物出口总额9168亿美元，依旧占到中国货物出口总额的43.70%，其进口总额7700亿美元，占进口总额的48.54%，货物贸易顺差1460亿美元，占中国货物贸易顺差的约30%。

　　因此，中国的货物贸易顺差很大程度上是由外商投资企业的跨国

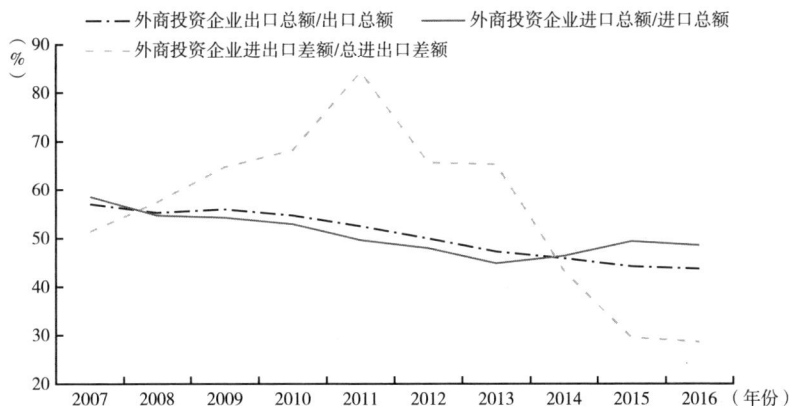

图 9-5　2007~2016 年外商投资企业对中国货物贸易顺差贡献率变动趋势

数据来源：国家统计局。

生产、经营、销售行为导致的。美国是中国最大的贸易伙伴和主要商品出口国，外商投资企业作为中国出口的重要推动力，在中美贸易不平衡问题中发挥了相当重要的作用，中美货物贸易顺差不仅仅是中国本土企业对美国的货物贸易顺差，也包含外商投资企业，其中包括美国在华投资企业对美国的货物贸易顺差。

这一结论反映了经济全球化背景下各国经济的相互联系，双边贸易不是你死我活的零和博弈，而是企业、资本充分分工和选择的产物。因此，简单地将中美双边货物贸易顺差理解为中国本土企业对美国的货物销售失衡，既忽视了经济全球化以来资本跨国境流动、跨地区经营的新形势，也人为地将双边贸易互利关系与某方的经济利得对立起来，更忽视了中美双边贸易的重要推手是外商投资企业包括美方投资企业这一重要事实。中美贸易摩擦以来，美国商界的表态与反馈已经深刻反映了任何对华的不实攻击与人为制裁，都会率先冲击美国在华投资企业的正常经营和运转，都会冲击双方密切合作形成的产业分工和布局，进而危害双方长期利益。

第三节　跨国利润转移

在讨论了外商投资企业包括美国在华投资企业对中美贸易不平衡贡献的基础上，本节进一步从跨国利润转移角度审视中美贸易不平衡问题。外商投资企业，特别是美国在华投资企业不仅创造了很大一部分中国对美国的货物贸易顺差，还通过加工贸易和转移定价等方式获得了丰厚的利润，增加了美国的国民总收入和国民财富。因此，仅考虑美国对中国的货物贸易逆差，却不考虑美国在华投资企业获得的投资收益，也是不全面和不客观的。

国际贸易实际上包含了两个过程，一是货物和服务的跨境流动，二是出售货物和服务后的资金分配。当外商投资企业成为中国对外贸易的重要参与者时，跨国利润转移回母国就成为了双边贸易的必然结果。举个简单的例子。某美国公司在华投资并注册一家制造业企业从事加工贸易，承接了美国电子产品组装订单，其从美国进口 500 美元原材料，对美国出口 600 美元制成品，支出的工资、材料、税费等 50 美元，获利 50 美元。此时，中国经常项目应计对美货物贸易顺差 100 美元，而货物贸易顺差中包含了美国企业获得的 50 美元利润，这部分利润作为美国的投资收益成为美国国民总收入的构成部分，如果这部分投资收益没有回流美国，它将作为投资收益的再投资增加美国的国外金融资产。中方从双边贸易中获得的工资、利税等仅为 50 美元，仅仅是贸易顺差的一部分。图 9-6 是这一过程的简单示意。

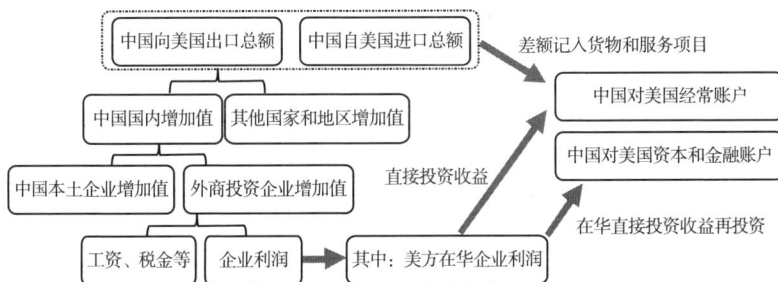

图 9-6　考虑跨国利润转移的中美贸易关系示意图

注：外商投资企业的投资收益并不会全部回流母国，许多会被企业留存用于再投资，但不改变利润分布和转移格局。

因此，分析中美双边贸易关系不能只关注货物贸易差额却忽视货物贸易背后对应的跨国企业的获利以及资本和金融账户变化。忽视这一点就会低估货物贸易对双边经济的互利关系，也会低估美国企业从中美互惠贸易中的得利。

我们利用中国国际收支平衡表讨论中方在外投资收益和外方在华投资收益。自 2007 年以来，外方在华投资收益连年上升，累积增长近三倍，2017 年外方在华投资收益更是超过 2800 亿美元。目前，在中国 5.1 万亿美元对外负债中，有 2.9 万亿美元为直接投资，占比超过一半，其中绝大部分为非金融企业股权。外方在华投资收益中很大一部分来自于经营实体企业所得。与此不同，中方在外投资收益往往来自于美国国债等相对安全的证券资产，收益相对偏低。

表9-2　中方在外投资收益和外方在华投资收益

单位：亿美元

	2007	2010	2013	2016	2017
投资收益差额	37	−381	−945	−650	−499
中方在外投资收益	766	1288	1662	1984	2349
外方在华投资收益	729	1669	2607	2634	2848

数据来源：国家外汇管理局中国国际收支平衡表（BMP6）。

　　概览中外贸易往来情况，2016年中国货物贸易顺差为5097亿美元，其中中美货物贸易顺差为2507亿美元，同期外方在华投资收益达到了2634亿美元。中华人民共和国商务部发布的《关于中美经贸关系的研究报告》显示，截至2015年，美国在华投资企业业绩良好、利润丰厚，2015年利润达到362亿美元。需要说明的是，由于大量的美国资金通过中国香港进入中国内地，并被认定为港资企业或合资企业等，因此这一数据应当低估了美方企业从中国获得的利润。不过，这依旧可以说明美方企业在双边贸易往来中的巨大收益。

　　因此，在观察中美双边贸易差额时，有必要充分考虑跨国企业在贸易中的利润情况，并将跨国利润转移纳入到双边贸易关系的观察视角中来，否则将大大低估美方在中美贸易中获得的真金白银，也将影响对中美双边贸易形势的准确判断。

第四节　贸易增加值统计：更加合理的统计方法

一　贸易增加值统计的必要性

随着经济全球化和跨国企业直接投资的发展，生产链条呈现国际化的特征，许多产品的生产由多个国家（地区）共同参与完成，每个国家（地区）专业化于产品的某一工序或零部件的生产，最终产品的价值实际上被多个国家（地区）共同创造和分享，而不是由最终产品的出口国家（地区）创造和享有。贸易总值统计只能从交易总值的角度测度各国（地区）参与国际贸易的程度，却难以反映商品生产过程中价值增值的过程。这一缺陷使得基于贸易总值统计的贸易差额已不能准确地反映一国（地区）从贸易过程中的利得，更不能准确判断双边贸易关系。

贸易总值统计在新型国际分工体系下的不适用性导致了"统计假象"，扭曲了双边贸易不平衡状况。以来料加工贸易为例，中国企业出口额的很大一部分价值是购自其他国家（地区）的原材料价值，只附加很少一部分加工价值，这种"两头在外"的模式在统计上表现为对原材料来源国家（地区），如日本、韩国等的贸易逆差和对制成品去向国家（地区），如美国等的贸易顺差。例如，中国在保持对美欧货物贸易顺差的同时保持对韩国货物贸易逆差，2016年对韩国货物贸易逆差达722亿美元。我国自韩进口的产品以机械和电子产品为主，很大一部分经过组装、加工之后销往美欧。中国只是处于生产过程中的一个阶段。不考虑国际贸易过程中各国的实际利得，简单以贸易总值统计下的"顺差有利，逆差有弊"的逻辑分析双边贸易关系显然是不全面不客观的。

有鉴于此，国际社会已经意识到贸易总值统计的缺陷，提出了"贸易增加值统计"这一新统计方法。世界贸易组织（WTO）前总干事帕斯卡尔·拉米认为，现行的贸易总值统计方法扭曲了贸易的实际情况，他提倡改革贸易统计方法，推进全球价值链研究，以贸易增加值统计弥补传统贸易统计体系的缺陷，合理还原事实真相。经济合作与发展组织（OECD）和 WTO 联合建设了全球价值链与贸易增加值（TiVA）数据库，将国家（地区）投入产出表和双边贸易数据联系起来，形成国家（地区）间投入产出表。OECD 和 WTO 基于 TiVA 数据库，用贸易增加值指标对国际贸易和全球价值链进行了核算，并于2013 年 1 月发布了初步成果。目前，除了 OECD 和 WTO 外，还有联合国贸发会议、亚洲开发银行、联合国统计司、欧盟统计局等都开展了全球价值链与贸易增加值的相关研究。

同时，许多学术研究机构也在开展全球价值链与贸易增加值测算的相关工作。例如，Koopman 等 [1] 建立了行业层面贸易增加值统计的研究范式，并在此基础上利用投入产出表和跨国数据分析中方在进出

---

[1] 参见 Koopman，R，Wang，Z，Wei，S J.，"Estimating Domestic Content in Exports When Processing Trade is Pervasive"，*Journal of Development Economics*，99，2012，pp.178‑189; Koopman，R，Wang，Z，Wei，S. J.，"Tracing Value‑Added and Double Counting in Gross Exports"，*American Economic Review*，104（2），2014，pp.459‑94。

口中实际获得的增加值。随后，王直等 [1] 在传统国际贸易统计和国民经济核算体系之间建立了一个系统性对应框架。Kee & Tang[2] 和 Tang et al[3] 逐步将贸易增加值研究从行业层级推广到企业层级，能够从出口的所有制结构等角度分析各种因素对贸易增加值的影响，并解释中国企业在全球价值链上的提升。可以说，从贸易增加值角度测度双边或多边经贸往来的理论基础已经成熟，数据基础已经相对完备。

　　当前，从贸易增加值统计角度分析中美贸易不平衡问题十分必要，能够更客观地反映中美双边贸易关系。中美两国在全球分工中的特殊地位使得贸易增加值统计与贸易总值统计的差异尤为突出。究其原因，中国一方面发挥着"世界工厂"的特殊地位，以完整的产业链和高素质的劳动力队伍成为全球价值链中的重要一环，进口大量原材料并向美国等发达国家（地区）持续输出制成品。贸易总值统计将中国对美输出的制成品的全部价值都计入了中国对美国的出口，其中包括其他国家（地区）交付中国企业加工、组装、再出口美国的制成品价值，忽视了中国仅仅是全球价值链上的一环，高估了中国对美国货物贸易顺差，扭曲了中美双边贸易关系。以苹果手机为例，中国从日、韩等国（地区）进口屏幕等重要零部件，通过来料加工等方式组装后

---

[1]　参见王直、魏尚进、祝坤福《总贸易核算法：官方贸易统计与全球价值链的度量》，《中国社会科学》2015 年第 9 期。

[2]　参见 Kee，H. L.，Tang，H.，"Domestic Value Added in Exports: Theory and Firm Evidence from China"，*American Economic Review*，106（6），2016，p.1402。

[3]　参见 Tang，H.，Wang，F.，Wang，Z.，"Extending the Input-Output Table Based on Firm-level Data"，Working Paper，2016。

向美欧等国家（地区）出口，据中华人民共和国商务部报告，一部在中国组装制造的苹果手机批发价为178.96美元，其中仅有6.5美元的价值是在中国产生的，其余的价值都由美国设计商和韩国、日本等零部件供应商获得。依据亚洲开发银行研究所（ADBI）测算结果，如果将这一过程中其他国家和地区创造的增加值剔除，当年美国对中国在苹果手机上的贸易赤字将从19亿美元减少到7300万美元[1]。因此，使用贸易增加值统计数据有利于客观地分析中美双边贸易关系，有利于理性地看待中美贸易不平衡问题。

二 贸易增加值统计下的中美贸易差额

在生产全球化和产业分工日益深化的背景下，利用全球价值链视角的贸易增加值统计方法重新核算中美贸易差额是客观描述现阶段两国经济互补关系的新要求，是正确认识双边乃至多边贸易关系的重要基础。

在全球价值链视角下，中美贸易顺差记录在中国，但贸易背后的利益顺差多在美国，总体上双方实现了互利共赢。根据中华人民共和国商务部委托中国全球价值链课题组所做的《2010—2016年中美贸易增加值核算报告》，如果2017年有关参数保持不变，则2017年中国向美出口每1000美元货物所拉动的中国国内增加值为646美元，中国从美国进口每1000美元货物所拉动的美国增加值为814美元。

---

[1] 案例转引自《关于中美经贸关系的研究报告》。

这意味着，中国向美国出口的 1000 美元货物中，有 354 美元用于购买位于产业链上游国家（地区）的原材料或服务，646 美元形成中国居民的工资、企业的利润和政府的税收等项目。而这一数值在美国则为 814 美元，远高于中国，同样的出口额中，美国居民、企业和政府实际获得的利益更大。

若将基于贸易总值统计的中美贸易差额调整为基于贸易增加值统计的中美贸易差额，则中美贸易严重失衡的结论明显变化。2017 年中国向美国出口货物拉动的中国国内增加值为 2776 亿美元，中国从美国进口货物拉动的美国国内增加值为 1253 亿美元，基于贸易增加值统计的中美货物贸易顺差仅为 1523 亿美元，比基于贸易总值统计的中美货物贸易顺差 2759 亿美元降低了 44.77%。因此，基于贸易总值统计的中美贸易顺差被严重高估，中美贸易不平衡程度被严重夸大。

从细分项目上可以看出中美在全球价值链中的相对位置。目前，中国对美国货物贸易顺差的 61%[1] 来自附加值很低的加工贸易，这些产品生产所需的高附加值核心零部件多数来自于包括美国在内的其他国家（地区），使得美国等发达国家（地区）从设计、零部件供应、营销等环节获取较高利润；而加工贸易出口产品仅在中国进行简单的组装加工，所使用的国内原材料较少，中国只赚取了少量加工费，对应的国内增加值较少，中国从对美国单位出口中获得的增加值远低于美国从对中国单位出口获得的增加值。例如，中华人民共和国海关总署数据显示，中国目前加工贸易主要出口品为通信设备及电子产品，

---

[1]　数据来源：中华人民共和国商务部。

中国一边从美国进口电子元器件等配件（如集成电路、存储器等），一边将电子元器件制成品（如电脑整机等）出口美国，而中国从加工贸易中仅能留下出口总额 20%~30% 的增加值。因此，虽然基于贸易总值统计的中美间的贸易不平衡矛盾依然突出，但是在中美之间巨大的货物贸易差额背后，中国所获得的增加值并不高，特别是考虑到中国货物贸易出口中加工贸易占比偏高的情况。

现阶段，美国主要从事产品设计和出口零部件生产，在全球价值链中处于上游位置。相反，中国更多从事加工组装生产，处于价值链的下游。中美贸易在价值链上呈现较强的互补性而非竞争性。因此，中美贸易关系本质上是利益交融、互利共赢的。

三 用贸易增加值统计衡量中美贸易

2013 年，亚太经合组织领导人同意，在亚太经合组织范围内推进全球价值链的开发与合作。2014 年 5 月，在中国青岛举行的亚太经合组织贸易部长会议上，各经济体通过了亚太经合组织全球价值链贸易增加值核算战略框架。2014 年 8 月在中国北京举行的亚太经合组织第三次高官会议上，各经济体又通过了由中国、美国共同倡议的亚太经合组织全球价值链贸易增加值核算战略框架行动计划。鉴于项目的技术难度较大，该行动计划建议，建立一个由中国和美国共同主持的技术团队，亚太经合组织各成员经济体学术界专家以及有意参与的国际组织，如世界贸易组织、经济合作与发展组织、亚洲开发银行、世界银行和联合国的专家参加，实施这一项目。2014 年 11 月，在北京峰会上，亚太经合组织 21 个经济体领导人批准了亚太经合组织贸易增加值核算战略框架和亚太经合组织贸易增加值核算战略框架行动计划。并指示技术团队与 WTO、OECD、世界银行、联合国及其他国际组织密切合作，在 2018 年底前完成亚太经合组织经济体间供给使用表的编制和贸易增加值数据库建设，实现亚太经合组织贸易增加值数据库与 OECD 和 WTO 联合建设的全球价值链与贸易增加值数据库之间的整合。

在中美双方共同努力下，在各经济体的支持下，APEC 技术团队已经完成亚太经合组织 21 个经济体中 20 个经济体的基准年度（2005 年和 2012 年）供给使用表和双边贸易数据的收集、加工、整理和编制工作，经济体间供给使用表的编制工作，以及亚太经合组织各经济体之间以及与其他经济体之间，特别是中美之间的贸易增加值数据的测算工作，为客观判断亚太经合组织各经济体之间以及与其他经济体之间，特别是中美之间的贸易关系提供了数据依据。

建议中美双方继续牵头，组织亚太经合组织各经济体继续开展经济体间供给使用表的编制和全球价值链贸易增加值核算工作，及时更新数据，为今后客观判断亚太经合组织各经济体之间以及与其他经济体之间，特别是中美之间的贸易关系提供数据依据。

第五节　对中美贸易摩擦成因的讨论

既然中美货物贸易顺差记录在中国，而货物贸易背后的利益顺差多在美国，总体上双方实现了互利共赢，那么为何美方会发动刻意针对中方的双边贸易摩擦，并不惜威胁国际多边贸易格局的稳定？客观地回答这一问题，有利于正确看待和妥善应对中美贸易冲突。

虽然货物贸易背后的利益顺差多在美国，但现有的统计数据没有完全反映美方从双边贸易中获得的利益。例如，20 世纪末以来，跨国公司的快速扩张加速了国际分工和利润转移，境外投资通过第三方避税地流入中国国境，利用中国的廉价资源、劳动力和招商优惠获得利润。但是中美双方统计都无法完全识别资金的来源地和最终投向，不仅导致中方统计数据低估了美方企业利润，也导致美方统计数据低估了其在华企业的经济利益。而离岸外包、转移定价的迅速发展也使得 GDP 等统计指标没有充分反映贸易分工给美国带来的经济繁荣。例如，苹果等高科技公司通过研发设计创造了知识产权产品，并利用中韩等国完成低附加值的生产过程，获取"微笑曲线"两端的高额利润。但是，这些公司通过转移定价等方式将部分知识产权产品价值和相应的利润留存在避税地的下属离岸公司，这部分产值没有体现在美国国内生产总值数据中，相应的利润也没有体现在美国国际收支统计数据中，从而没有体现在美国国民总收入和美国国民财富中。事实上，美国官方和研究机构也开始高度关注美方企业在外的投资利润转移带来的数据表现问题。例如美国经济分析局和高校的四位学者 [1] 发表论文认为，美方跨国企业尤其是高科技企业在世界范围内获得了

---

[1] 参见 Guvenen, F., Mataloni Jr, R. J., Rassier, D. G., Ruhl, K. J., "Offshore Profit Shifting and Domestic Productivity Measurement", *NBER Working Paper*, No. w23324, 2017。

超额利润，但其跨国利润转移行为导致企业总部的研发产出价值被低估，部分统计指标（如美国国内生产总值）数据低估了美国经济的实际发展成果。这导致美国统计数据低估了跨国分工和互惠贸易对美国经济的拉动作用和美国获得的利益。

中国在全球价值链位置的不断上升引发了美国商界的复杂情绪，对维持双边健康的经贸关系带来了一定负面影响。中国拥有世界上最多的人口和增长最快的市场，改革开放以来，在中国市场潜力的吸引下，美国商界致力于增进双方经贸合作，降低双边贸易壁垒，并避免中美双边关系朝着不利方向变动。这一直是双边合作的重要稳定器。但随着中国企业在全球价值链位置的上升[1]，并逐步进入美方占有传统优势的精密制造、创新研发等高附加值环节，对美方企业竞争力构成了一定冲击。这一担忧削弱了美国商界对中方正当诉求的支持力度。

美方贸易利得并不代表美方普通居民的贸易利得。而美方居民的利益诉求直接影响到美方政治周期，从而对双边经贸往来带来影响。例如，已有研究[2]分析了在贸易壁垒逐步消除之后，美国自中国进口增速保持高位，认为来自中国的产业竞争冲击了美国各县（County）的生产和就业，改变了当地的政治选举情况。"铁锈带"的高失业率的蓝领工人就成功影响了美国的大选结果。不论这些选民的需求是否

[1]　参见 Tang，H.，Wang，F.，Wang，Z.，"Extending the Input-Output Table Based on Firm-level Data"，*Working Paper*，2016。

[2]　参见 Che，Y.，Lu，Y.，Pierce，J. R.，Schott，P. K.，Tao，Z.，"Does Trade Liberalization with China Influence US Elections?"，*NBER Working Paper*，No. w22178，2016。

合理，都将使得未来很长一段时间内美国政府高度关注中美贸易不平衡问题，并采取一定政策措施。

因此，在全面客观理解中美贸易不平衡问题的基础上，中方也必须正视贸易摩擦背后的结构性原因，既要有理有据地对美方不当观点予以澄清和反驳，也需要进一步分析其背后的利益诉求和结构原因，才能实现双边经贸往来的可持续发展。

参考文献

[1] 方晓丹:《疫情影响下居民基本生活得到有效保障》,国家统计局网站,2020 年 4 月 19 日,http://www.stats.gov.cn/tjsj/zxfb/202004/t20200419_1739682.html。

[2] 国家统计局、国家发展和改革委员会、财政部:《关于调整国家普查项目和周期安排的通知》,2003 年 8 月 11 日。

[3] 国家统计局、国务院第二次全国经济普查领导小组办公室:《第二次全国经济普查方案》,2008。

[4] 国家统计局:《国家统计调查制度(2016)》,中国统计出版社,2016。

[5] 国家统计局:《国家统计调查制度(2019)》,中国统计出版社,2019。

[6] 国家统计局:《中国国民经济核算体系(2002)》,中国统计出版社,2003。

[7] 国家统计局:《中国国民经济核算体系(2016)》,中国统计出版

社，2017。

[8] 国家统计局：《中国统计年鉴2011》，中国统计出版社，2011。

[9] 国家统计局：《中国统计年鉴2012》，中国统计出版社，2012。

[10] 国家统计局：《住户收支与生活状况调查方案（2017年统计年报和2018年定期统计报表）》，2017。

[11] 国家统计局国民经济核算司：《中国第二次经济普查年度国内生产总值核算方法》，2011。

[12] 国家统计局国民经济核算司：《中国第三次经济普查年度国内生产总值核算方法》，2016。

[13] 国家统计局国民经济核算司：《中国非经济普查年度国内生产总值核算方法》（第一次修订），2013。

[14] 国家统计局国民经济核算司：《中国非经济普查年度国内生产总值核算方法》，中国统计出版社，2008。

[15] 国家统计局国民经济核算司：《中国国内生产总值历史数据汇编（1952–2021）》，中国统计出版社，2022。

[16] 国家统计局国民经济核算司：《中国经济普查年度国内生产总值核算方法》，中国统计出版社，2007。

[17] 国家统计局国民经济核算司：《中国经济普查年度资金流量表编制方法》，中国统计出版社，2007。

[18] 国家统计局国民经济核算司：《中国年度国内生产总值计算方法》，中国统计出版社，1997。

[19] 国家统计局国民经济核算司：《中国资金流量表编制方法》，2012。

[20] 国家计划委员会、国家经济委员会、国家统计局、国家标准局：

《国民经济行业分类和代码》（GB4754—84），1984 年 12 月 1 日发布。

[21] 国家技术监督局:《国家经济行业分类和代码》（GB/T4754—94），1994 年 8 月 13 日发布。

[22] 国家质量监督检验检疫总局:《国民经济行业分类》（GB/T4754—2002），2002 年 5 月 10 日发布。

[23] 国家质量监督检验检疫总局、中国国家标准化管理委员会:《国民经济行业分类》（GB/T4754—2011），2011 年 4 月 29 日发布。

[24] 国家质量监督检验检疫总局、中国国家标准化管理委员会:《国民经济行业分类》（GB/T4754—2017），中国标准出版社，2017。

[25] 联合国、欧盟委员会、经济合作与发展组织、国际货币基金组织、世界银行:《国民账户体系（2008）》，中国国家统计局国民经济核算司、中国人民大学国民经济核算研究所译，中国统计出版社，2012。

[26] 桑言:《中国 GDP 高估了?》，FT 中文网，2015 年 7 月 15 日，https://www.ftchinese.com/story/001062996?archive。

[27] 史蒂夫·约翰逊:《中国经济增速"被高估"》，FT 中文网，2015 年 6 月 9 日，https://www.ftchinese.com/story/001062430?archive。

[28] 王有捐:《2020 年 CPI 逐步回落 PPI 低位回升》，国家统计局网站，2021 年 1 月 19 日，http://m.ce.cn/bwzg/202101/19/t20210119_36237216.shtml。

[29] 王直、魏尚进、祝坤福:《总贸易核算法：官方贸易统计与全球价值链的度量》，《中国社会科学》2015 年第 9 期。

[30] 徐奇渊:《解读 GDP 同比降 6.8%，中国一季度经济数据的两大困惑》,《财经》2020 年第 8 期。

[31] 许宪春、吕峰:《改革开放 40 年来中国国内生产总值核算的建立、改革和发展研究》,《经济研究》2018 年第 8 期。

[32] 许宪春:《当前我国收入分配研究中的若干问题》,《比较》2011 年第 6 期。

[33] 许宪春:《关于第三次经济普查年度中国国内生产总值核算的修订》,《比较》2015 年第 2 期。

[34] 许宪春:《关于中国经济增长速度的质疑与解答》,《经济学报》2015 年第 4 期。

[35] 许宪春:《我国住户调查与国民经济核算有关指标之间的协调》,《财贸经济》2014 年第 1 期。

[36] 许宪春:《中国国民经济核算中的若干重要指标与有关统计指标的比较》,《世界经济》2014 年第 3 期。

[37] 许宪春:《中国国内生产总值使用核算研究》,《经济学报》2019 年第 2 期。

[38] 许宪春:《中国现行工农业不变价增加值的计算方法及其改革》,《管理世界》2001 年第 3 期。

[39] 许宪春:《中国政府统计重点领域改革》,《世界经济》2017 年第 2 期。

[40] 许宪春:《准确理解中国的收入、消费和投资》,《中国社会科学》2013 年第 2 期。

[41] 许宪春:《准确理解中国经济统计》,《经济研究》2010 年第 5 期。

[42] 许宪春:《准确理解中国现行国内生产总值核算》,《统计研究》2019 年第 5 期。

[43] 杨汝岱:《香港转口贸易及其对中美贸易平衡的影响》,《经济科学》2008 年第 2 期。

[44] 张卫华:《3 月工业企业利润降幅收窄》, 国家统计局网站, 2020 年 4 月 27 日, http://www.stats.gov.cn/tjsj/sjjd/202004/t20200427_1741736.html。

[45] 赵茂宏:《第一季度 CPI 涨幅逐月回落特征明显 PPI 稳中有降》, 国家统计局网站, 2020 年 4 月 19 日, http://www.stats.gov.cn/tjsj/zxfb/202004/t20200419_1739684.html。

[46] 赵同录:《我国经济第二季度实现正增长》, 国家统计局网站, 2022 年 7 月 15 日。http://www.stats.gov.cn/tjsj/sjjd/202207/t20220715_1886514.html。

[47] 中国全球价值链课题组:《2010-2016 年中美贸易增加值核算报告》, 2017。

[48] 中华人民共和国海关总署:《中国对外贸易指数》, 2009、2011、2012。

[49] 中华人民共和国海关总署: 海关主要统计数据。

[50] 中华人民共和国商务部:《关于中美经贸关系的研究报告》, 2015。

[51] 中美贸易统计工作小组:《中美货物贸易统计差异研究报告》, 2009。

[52] 中美贸易统计工作小组:《中美货物贸易统计差异研究第二阶段报告》, 2012。

[53] Bureau of Economic Analysis, "U.S. International Economic Accounts: Concepts and Methods", 2022, https://www.bea.gov/system/files/2022-06/iea-concepts-methods-2022.pdf.

[54] Fisman, R.,Wei, S. J., "Tax Rates and Tax Evasion: Evidence from 'Missing Imports' in China", *Journal of Political Economy*, 112(2), 2004, pp.471–496.

[55] Che, Y., Lu, Y., Pierce, J. R., Schott, P.K., Tao, Z., "Does Trade Liberalization with China Influence US Elections?", *NBER Working Paper*, No.w22178, 2016.

[56] Guvenen, F., Mataloni Jr, R.J., Rassier, D.G., Ruhl, K.J., "Offshore Profit Shifting and Domestic Productivity Measurement", *NBER Working Paper*, No.w23324, 2017.

[57] Kee, H.L., Tang, H., "Domestic Value Added in Exports: Theory and Firm Evidence from China", *American Economic Review*, 106(6), 2016, p.1402.

[58] Koopman, R., Wang, Z., Wei, S.J., "Tracing Value-Added and Double Counting in Gross Exports", *American Economic Review*, 104(2), 2014, pp.459–94.

[59] Koopman, R., Wang, Z., Wei, S.J., "Estimating Domestic Content in Exports When Processing Trade is Pervasive", *Journal of Development Economics*, 99, 2012, pp.178–189.

[60] S.R., "Whether to Believe China's GDP Figures", *The Economist*, 2015, https://www.economist.com/free-exchange/2015/07/15/

whether-to-believe-chinas-gdp-figures.

[61] Tang, H., Wang, F., Wang, Z., "Extending the Input-Output Table Based on Firm-level Data", Working Paper, 2016.

[62] United Nations, *Canberra Group Handbook on Household Income Statistics,Second Edition*, 2011.

图书在版编目(CIP)数据

透视中国政府统计数据：理解与应用 / 许宪春著
. -- 北京：社会科学文献出版社, 2023.6（2025.1重印）
ISBN 978-7-5228-1434-6

Ⅰ. ①透⋯　Ⅱ. ①许⋯　Ⅲ. ①中国经济－经济统计－
统计分析－分析方法　Ⅳ.①F222.1

中国国家版本馆CIP数据核字（2023）第029314号

透视中国政府统计数据：理解与应用

著　　者 / 许宪春

出 版 人 / 冀祥德
责任编辑 / 恽　薇　武广汉
责任印制 / 王京美

出　　版 / 社会科学文献出版社·经济与管理分社（010）59367226
　　　　　　地址：北京市北三环中路甲29号院华龙大厦　邮编：100029
　　　　　　网址：www.ssap.com.cn
发　　行 / 社会科学文献出版社（010）59367028
印　　装 / 三河市尚艺印装有限公司

规　　格 / 开　本：787mm×1092mm　1/16
　　　　　　印　张：15　字　数：169千字
版　　次 / 2023年6月第1版　2025年1月第7次印刷
书　　号 / ISBN 978-7-5228-1434-6
定　　价 / 79.00元

读者服务电话：4008918866